自分らしく生きる！

# 40代からはじめるキャリアのつくり方

「人生の転機」を乗り越えるために

石川邦子

方丈社

# はじめに

あなたはご自分の人生における「転機」を意識したことはありますか？

転機とは、「変化のきっかけになった出来事」や「新しく変化していく途中の時期」のことを言います。同じような意味に「節目」、「過渡期」、「ターニングポイント」というような言葉もあります。

転機は、自分を取り巻く環境が大きく変化します。この変化にうまく適応して乗り越えるための努力や工夫を通して、キャリアは形成されていきます。

結婚や出産などのライフイベント、転勤や転職などの人生の転機は、事前に心構えができることが多いので、じたばたする時間も少なくて済むかもしれません。

しかし、人生には予想もしていなかった出来事が、ある日突然に、わが身にふりかかってくることもあります。

私のキャリアには、管理職からカウンセラーへ大きく方向転換を決意したという転機がありました。その後、自分では予想しなかった病気という出来事に見舞われました。この大きな2つの転機を経験したこと、その転機を乗り越えてきたことで、今は自分らしいキャリア、私らしい人生を歩むことができていることに感謝しています。

私の仕事は、働く人のキャリアを支援するキャリアコンサルタントです。

この仕事に携わっていると、転機の乗り越え方次第で、その後のキャリアや人生が大きく変化する、ということを実感します。

たとえば、学生から社会人になるということは、多くの人が経験する転機です。このときにうまく適応できなかったことが尾を引いて、早期離職やメンタルの不調に至る人は少なくありません。

また、異動や昇格など職務内容や人間関係が変わる転機、転勤や海外赴任のように生活まで変化をきたす転機もあります。

そもそも、人は想定外の出来事にうまく対応できないものです。

ましてや、今の生活が大きく変化する転勤や異動が想定外であった場合、「今までの自分は何だったのか」と、自分の存在価値自体が揺らぐような気がしてしまうこともあるでしょう。

もし、あなたが想定していたポジションから外れたとしたら、やる気を失ってしまうでしょうか。

しかしこんなときこそ、捉え方ひとつで前向きになることもできるはずです。

「新しいことに挑戦できるのは、仕事の幅を拡げるチャンスだ」

「会社に勤めながら別のキャリアが積めるのはラッキー」

「競争にも巻き込まれない環境で充電しよう」

などと捉えることができれば、外されたのではなく、新しい可能性が拡がっていくのではないでしょうか。

こうした想定外の転機は、客観的に自分のキャリアや人生を見つめ直す良いチャンスなのです。

さて、多くの人にとって人生最大の転機になるかもしれないのが、ミドルエイジ、中年期の転機です。

おおよそ40歳以降の中年期は、少しずつ老化を意識しはじめる時期です。社会的な役割も、まだまだ先があった若いころとは異なり、限界を感じる時期でもあります。変化を受け入れられず、「こんなはずではなかった」というような精神的なダメージを受けやすくなります。

このことは「ミッドライフ・クライシス（中年期の危機）」とも呼ばれます。

そして、もうひとつ大きな転機となるのが、不可抗力による転機です。病気やケガ、事故など、どうにもならないことで自分の将来が大きく変わってしまいます。中年期の転機と同様に、精神的にもつらい時期を乗り越えていかなければならないでしょう。「中年期の転機」と「不可抗力による転機」、どちらも乗り越えていくのにはかなりのエネルギーが必要となります。

しかし、この転機を「成長するいい機会」として捉えて、うまく活用して欲しいのです。

これからのキャリアを模索しているみなさんに、転機をうまく活用して、成長して欲しい。それが本書の執筆の動機です。中年期からでも人は成長し、人脈や可能性を拡げていくことができるということを、ひとりでも多くの方に気づいていただきたいと思っています。

本書では、転機を前向きに捉えて乗り越え、その後のキャリアと人生を良い方向に転換していただくためのヒントを記しました。

特に、次のようなみなさんに何かしらのヒントになることをお伝えしていきます。

**・組織の中でどうもうまくいかない、閉塞感を感じている方**
**・転機に遭遇して、どう乗り越えたら良いかヒントが欲しい方**
**・中年期に差し掛かり、将来について考えてみたい方**
**・思い切って独立してフリーでやっていきたいが、色々と不安もある方**
**・自分では抗えない変化に、人生を変えられてしまったと嘆いている方**
**・老いや病気など自分ではどうにもできない転機に遭遇してしまった方**

どんな転機でも、自分が乗り越えたいと願えば乗り越えていけます。ひとりでは無理でも、周囲の支えを得ながら、自分の経験の中にある宝物に気づき、一歩踏み出す勇気を持つことです。転機をどのように受け止め、どのように捉えて乗り越えていくか、そのプロセスを紹介していきます。

キャリアコンサルタントとして相談者の多様なご経験をお聴きしていると、ほとんどの方がご自分の経験を過小評価していて、もったいないと感じます。一人ひとりの経験は、唯一無二のもので、それは宝物なのです。

そのことに気づいて、無限の可能性を拡げて欲しいと願っています。本書がそのための一助となれば幸いです。

# 目次

はじめに　003

第1章　中年期のキャリアで悩んでいる方へ

中年期は人生最大の「岐路」　020
中年期をどう位置づけるか　021
中年期の課題（世代性）の意味　024
変化に対応できないとき　026
自分を振り返ることが選択肢を増やす　027
転機に心のバランスを保つ　029
自分と向き合う期間——ニュートラル・ゾーン　032
私の転機における自己決定プロセス　034
想定外の役割への対処　037
時間をかけて自分と向き合う　039

リフレーミングで弱みを強みに 041
中年期からのラセン式発達モデル 045
キャリアの棚卸しを面倒くさがらない 048
キャリアにUPもDOWNもない 049
いくつになっても自分を育てる 052
44歳からの学び直し 055

## 第2章 組織内キャリアで悩んでいる方へ

内的キャリアと外的キャリア 062
内的キャリアを見つめよう 064
組織内キャリアで迷いが生じたとき 066
自分のキャリア・アンカーを考える 069
リソースを蓄える 070

## 第3章 ライフキャリアで悩んでいる方へ

自分を過小評価せず可能性を広げる 072
自ら成長の機会をつかむ 075
仕事が合わないと感じたら 076
自分の優先順位を客観的に見つめる 079
ストレスへの気づき 082
新しい環境には簡単には適応できない 085
ライフキャリアをどう考えるか 090
女性活躍が普通になる環境へ 094
女性の成長を阻害するパターナリズム 097
キャリアと育児の両立 099
ロールモデルはパーツを集めて 102

自分を認めてもらいたいと思う存在を持つ　103
ブランクはプラスに捉える　105
経験の「点」を「線」につなげる　107
経験を語る効果　110
自己効力感を高める　112

## 第4章　独立するか否かで悩んでいる方へ

自分をコントロールする力　116
準備期間を設定して種をまく　117
私が独立したときの種まき　118
準備期間は「ドリフト（漂流）」も必要　121
種まきから3年経って芽が出はじめる　123
フリーランスの事例　125

リソースをつくる 129
種まきが芽となり実を結ぶ 131
自己イメージと他者イメージ 133
カウンセラーという選択肢 135
大学でのキャリア支援 137
資格に挑戦しよう 138
資格取得後も愚直な学びを重ねる 142
10年真摯に向き合えばプロになれる 144

## 第5章 不可抗力な転機で悩んでいる方へ

不可抗力な転機とは 148
がんサバイバーだからこそできること 151
変化を見定めて現状を受け入れる 154

不安はわからないことに抱く感情　156
現実を受容するために　157
状況(Situation)――客観的に整理する　160
経済的な不安を軽減させる　163
自己(Self)――キャリアビジョンの見直し　166
支援(Support)――期待を素直に伝える　169
当事者は自分であることを忘れない　171
誰かの力を借りることを躊躇しない　174
指標となる本を探してみる　176
病気になっても役割や生きがいを持つ　178
患者の心構え　180
戦略(Strategies)――自己コントロール感を高める　182

終章　中年期からワクワク過ごすために

転機の乗り越え方　190
客観的に変化を見定める　191
腹を括る　192
時間をかけて自分のリソースを点検する　193
他者とのつながりを大切にする　194
機が熟すタイミングを待つ　195
豊かな人生を　195

あとがき　199
引用・参考文献　204

自分らしく生きる！

# 40代からはじめるキャリアのつくり方

「人生の転機」を乗り越えるために

# 第1章
# 中年期のキャリアで悩んでいる方へ

# 中年期は人生最大の「岐路」

中年期は、自分を取り巻く環境が大きく変わる時期です。様々な身体的、社会的、家庭的、心理的な変化が起こると言われています。

身体的変化としては、白髪や老眼など、年齢を感じさせる変化があるでしょう。社会的変化としては、組織の中で求められる役割が変わります。現場の最前線から管理職などの立場に変わったり、人に教わる側から人を指導する側に変わったり。仕事上の自分の能力や地位の限界も見えはじめることも変化のひとつです。子どもの成長や親の介護など、家族の状況も過渡期を迎えます。

そして、こうした身体的・社会的・家庭的変化に影響されて、心理的な危機に遭遇しやすいのも中年期の特徴です。様々な状況が変化するがゆえに、今までのやり方ではどうもうまくいかないと感じはじめ、葛藤を抱えやすくなります。

「もう若くはない」という思いと、「いや、まだまだできるはずだ」という、相反する思いの間で揺れてしまう。安定と不安定、若さと老い、獲得と喪失などの間で翻弄されてしまいがちなのです。

このように「自分の人生は本当にこれで良かったのか」などと思い悩みはじめる心理的な葛藤のことを「中年期の危機」または「ミッドライフ・クライシス」と言います。

こうした変化は多かれ少なかれ、誰にでも訪れるものですが、どうしても「自分だけがつらい」という、取り残されたような気持ちになりがちです。この危機の脱し方は、その後の人生を左右しますから、人生最大の「岐路」とも言えます。

## 中年期をどう位置づけるか

では、キャリア理論や心理学の識者は、中年期をどう位置づけているのでしょうか。心理学者の河合隼雄氏は、中年期を「思秋期」と呼びました。これは、「思春期」を、中年期に置き替えた言葉です。

心はまだ子どもなのに身体が急激に大人びることで、心と身体のバランスが崩れてしまい、精神的に不安定になる思春期と同じように、心はまだ若いつもりなのに、老いをはじめとした様々な変化を突き付けられ、精神的に不安定になりやすい時期だということを表しています。

生涯発達の論者であるレヴィンソンは、ライフサイクル理論の中で、成人期の４つの時期の発達を四季になぞらえて、中年期を「秋」としました。

「思秋期」やレヴィンソンの理論に限らず、中年期を人生の秋と形容することは多いと思いますが、この「秋」をどう捉えるのか。「メランコリックな季節」ではなく、「紅葉の綺麗な味覚の秋だ」と捉えると、楽しみの方が多くなってくるのではないでしょうか。

さて、心理学者のユングは中年期以降を「個性化の時代」と言っています。個性化とは「本来の自分」という意味です。中年期になって、本来の自分らしさを取りもどし、昔の夢を思い出して近づいていく人もいます。

ユングは40歳を「人生の正午」と呼び、成人から中年への移行期を、人生の午前から午後への移行期と表現しました。午前は「これから」というイメージですが、午後は日没に向けて「暮れていく・老いていく」イメージと捉えられます。

とはいえ、それがただ下り坂になってしまうということではなく、精神的な発達は、中高年になっても一生続くものだという視点で捉えられています。そのうえで、人生後半の課題は、自分のそれまでの人生で生かされていない、潜在的な性質や能力を生かして、より「自分らしく」なることだと考えたのです。これがすなわち個性化です。社会や周囲との調和を保ちながら、さらに個性化することができるというわけです。

私は研修や講演のとき、ややこしい理論をわかりやすいイメージで捉えていただけるような映画や小説などを紹介することがあります。『RAILWAYS　49歳で電車の運転士になった男の物語』という映画は、まさに個性化だと思います。この映画の主人公は、一流企業に勤める49歳の男性です。母が倒れたとの知らせを受けて、故郷の島根に帰ります。そこに親友の事故死の知らせがあり、それをきっかけに仕事一筋の人生に「俺は、こんな人生を送りたかったのか……」と疑問を持ちはじめます。そして会社を辞め、子どものころの夢だった故郷の電車の運転手になるお話です。

中年期から個性化していく姿が描かれており、とても参考になります。小説も出ていますので、よかったら読んでみてください。

## 中年期の課題（世代性）の意味

発達心理学者のエリクソンは、社会的に達成すべき発達段階という観点から発達を捉え、それぞれの段階に獲得すべき課題があるとして8段階のライフステージを示しました。エリクソンによると、中年期の課題は「世代性　対　停滞」で、次の世代を育てることへ積極的に関わることだとしています。

この課題を獲得できなければ、キャリアは停滞してしまい、キャリア・プラトーに陥る危険があります。キャリア・プラトーとは、キャリアの発達が高原状態に達して、伸びしろのない停滞期を意味します。

たとえば、これ以上自分が昇進できないとか、期待されていないと判断してしまい、新しい仕事に挑戦したり、そのための能力の開発に励んだりという意欲をなくしてしまうのです。

中年期の課題である「世代性」を獲得できず、「もう若くはない」、「今さら遅い」と自分への諦めの感覚に捉われ続けると、キャリアの発達も止まり、閉塞感を抱えるようになってしまいます。

ネガティブな諦めの感覚、すなわちキャリア・プラトーに陥ったときには、それが危機であるということを客観的に認識して、そこから脱する準備をしましょう。そのためには、今までの人生を肯定的に振り返り、新たな存在価値を見出していくプロセスが必要です。

大丈夫、落ち込んだときが転機のはじまりです。

「ピンチはチャンス」と捉えて、自分の未来に関心を持って、じっくり考える時間を持つことからはじめていきましょう。

# 変化に対応できないとき

私にとって人生最大の転機となったのも、まさに中年期でした。

42歳の10月に、役員を務めていた会社の中で、役割に大きな変化が起こりました。当時、会社にも世代交代の波が押し寄せており、それまで現場のオペレーションを統括していた私に、そのラインから離れて事業統括に戻って欲しいという通達があったのです。

まったく予期しない出来事だったため、冷静に考えられませんでした。

私はもうこの会社に必要とされていない、今まで頑張ってきたことは何だったのか、自分の存在価値はなくなったのだと、否定的に受け止めてしまいました。

周囲は「今まで忙しかったのだから少しのんびりしたら」と言ってくれましたが、のんびりなんてまっぴらでした。15分刻みに入っていたスケジュール表が空欄だらけになりました。過重労働もつらいですが、仕事がない状態もつらいものです。1日ほとんど予定もないのに、夕方にどうでもいいような会議（自分がそう受け取っていただけでしたが）が入っているような毎日が続きました。夕方の会議のために立場上、朝早くから出勤しなければならず、夕方まで何をして時間をつぶせば良いかを考える、そんな毎日はとても耐えられなかったのです。

慢性的なキャリアストレスとして、ワーカーホリズムがあげられますが、まさしく仕事中毒の状態から、いきなり自由にできる時間を与えられても、どう使えばいいのかわからず、苦痛でしかありませんでした。

「こんな状態を続けるより何かはじめよう」という気持ちと「もう今さら遅い、そんなに若くない」という弱気の狭間で思い悩み、不安に押しつぶされそうになっていきました。

## 自分を振り返ることが選択肢を増やす

このときにキャリアカウンセリングを学んでいて、先ほどの「中年期の課題」を知っていたら、「自分の役割は、新たな役割に変わることだ」と、受け入れられたかもしれません。そして、前向きに受け入れることによって、「組織の中で自分の新たな役割をどのように築いていくのか」を探す道も選択できたと思います。

転職や起業する以外に、組織の中で自分が次にやるべきことを見つけられていたら、「あんなに悩まなかったんじゃないかな?」、「違う選択肢もあったんじゃないかな?」とも思います。少なくとも、自分の居場所がなくなったような喪失感に苛まれることはなかったはずです。

退職してカウンセラーになる道に進んだ自分の選択が、良いとか悪いとかではありません。より広い視野で色々な選択肢の中から「自分がどの道を選ぶのか」を考える機会があったら、より多くの可能性を見つけられたのではないかと思います。

だからこそ40代になったら、仕事を含めた生活全般を一度見つめることをみなさまにはお勧めします。

若いうちは仕事中心でも、心も身体も何とかなるかもしれません。しかし、人はみな平等に老いていくのです。老いてなお輝くために、人生の折り返し地点で自分のために時間をつくってみてはいかがでしょう。

自分を振り返るために大切になるのは、次のようなことです。

- **過去と現状をじっくり見つめ直す**
- **自己点検をして、抱える課題を整理する**
- **課題を明確化したら、改善行動を起こす**
- **新たな役割を受け入れる**
- **前向きに人生の再設計をおこなう**

不安定な時期である「転機」こそ、自分を見つめ直すための好機なのです。

## 転機に心のバランスを保つ

中年期の危機でなくても、転機にストレスはつきものです。ストレスが高じると、心のバランスを崩しやすくなってしまいます。ここで必要になるのは、客観的に変化を見定める、ということです。

自分にとって、この変化は予想していたものなのか、予想していなかったものなのか。予想していたなら少しは心の準備もできたと思いますが、予想もしていなかったとしたら、それだけショックも大きいはずです。

このようなときは客観的な「出来事」とそれに対する「感情」を分けて整理します。そして、変化にどのように対応していくのか、変化を受け入れるしかないのか、それとも何かできるのか、考えていきましょう。

できることとは、たとえば、その異動が打診段階なのか、内示段階なのかを確認することや上司に自分の希望を伝えて相談することです。

変化を受け入れるしかないのなら、その変化に対する捉え方を変えることができるのかを考えます。客観的な出来事は変えようがないとしても、その「出来事」に対する「感情」は変えることができます。捉え方を合理的に変えることで「感情」も変わり、その結果、選択肢も拡がるかもしれません。

ひとつの事例をご紹介します。

営業課長だったBさんは、春の人事で降格となり、部下のいない担当営業になりました。キャリアを相談したいとのことでBさんから面談の申し込みがあったときは、降格人事に関わるご相談だと思っていました。

しかし、ご相談内容はまったく異なるものでした。

Bさんは30代後半のとき、上司の勧めもあり色々な資格取得に挑戦し、それをきっかけに異文化・異業種の人たちと交流を持つようになったそうです。価値観がまったく違う人たちと接することで刺激を受け、自分自身のキャリアを考えるようになっていったそうです。Bさんが相談したかった内容は、やりたい仕事をするために、5年を目処に社内異動をするか独立をしたい、そのためのアクションプランを考えていきたいというものでした。

私はBさんに降格についてどのように受け止めているのかを確認しました。すると、降格は会社の業績などからある程度想定していたことであり、自身のキャリアについて考える時間的余裕が持てたことから、むしろ、このタイミングで管理職から離れられて良かったと捉えられていました。

Ｂさんは現状よりも将来に関心を向けている、ご自身のキャリアをコントロールされている方だと感じました。

一見マイナスな「出来事」も、未来を考える時間的余裕という合理的な「捉え方」で、前向きな「感情」が生まれたケースでした。

## 自分と向き合う期間――ニュートラル・ゾーン

転機が訪れたとき、その変化をそのまま受容して流れに身を任せる人と、その変化に立ち向かって主体的に乗り越えようとする人がいます。

もしあなたが主体的に乗り越えたい、自分で人生をコントロールできるように変わりたい、成長を実感できるように変わりたいと思うなら、それがどのような変化であっても、きちんと向き合い、自分がどのように変わりたいのかを考えることがとても大切です。

このとき、冷静に自分と向き合えるようになるまでには少し時間が必要です。この時間を持つことがとても大事なのです。

この自分と向き合う期間をアメリカの心理学者・ブリッジスのトランジション理論では、「ニュートラル・ゾーン（中立圏）」と言います。

この時期はひとりで思い悩むのではなく、キャリアコンサルタントに相談するか、周囲の信頼できる人に話を聴いてもらうことをお勧めします。人に話すことで、「客観的な出来事（事実）」と、それに対して「どう感じたのか（感情）」を整理して、自分が「今後どうしたいのか（欲求）」に気づいていくことができるでしょう。

キャリアコンサルタントに相談してみたいけれど、どこで探せばよいのかご存知ない方も多いと思います。厚生労働省が運営する「キャリコンサーチ」というインターネット上のシステムを使えば、地域別に登録されているキャリアコンサルタントを検索して、依頼することができます。また、「キャリアコンサルティング技能士検索サイト」でも探すことができます。ぜひご覧になってください。

## 私の転機における自己決定プロセス

私の場合、変化を受け入れるしかないと腹を括り、自分を試す機会と捉えることにしました。このように捉えることができると、「転機」もクライシスではなくチャンスになります。

前職で役員になったときに上司からもらった「あなたは、若いうちから肩書きを持って仕事をしてきたけど、将来会社の肩書きがなくなったときにでも、周囲の人に認められ信頼される人間になりなさい」というアドバイスが常に心にありました。

このまま会社に守られ続けていたら、肩書きをなくしたときに何もない自分しか残らない。「以前〇〇会社で役員をしていました」という過去の肩書きではなく、「私はこういう人間です」と胸をはって言える何かを持ちたい、自分の力が外の世界でどれだけ通用するのか試してみたい、と考えたのです。

その思いが、カウンセリングの勉強や大学でのキャリアの勉強につながっていきました。ニュートラル・ゾーンの私に付き合い、根気よく話を聴いてくれた上司のおかげで、次のように心を定めていきました。

・**客観的な出来事（事実）**

←

現場から離れた役割に変わる

・**どう感じたのか（感情）**

←

現場から離れたら自分の存在価値はなくなる。やりたくない。惨めな思いをしてまで会社にしがみつきたくない

・**どうしたいのか（欲求）**

←

辞めて、自分を試したい。カウンセラーという仕事に挑戦したい

これが、この転機への私の自己決定でした。

いかにも潔く転機を受け入れ克服していったように見えますが、実際には不安や後悔に押しつぶされそうにもなりました。不安とは、わからないものに対して持つ感情なので、わからないことを少しでも減らしていく必要があります。

ですから、不安を払拭するために目標を決めて、計画を立てるために必要なことを色々調べていきました。学校を探したり、独立するための方法を模索したり、立ち止まるのではなく、少しずつでもわからないことを潰していったのです。

当時の私は、かなり自己否定的になっていましたが、カウンセリングの勉強をすることで、自分の経験を少しずつ肯定的に振り返ることができたように思います。そして、新たな存在価値を見つけるため、新たな道に踏み出す計画を立てていくことができました。

## 想定外の役割への対処

もし、想定外の役割を提示されて戸惑い、自分が思い描いていた予定キャリアを大きく狂わされたと受け止めてしまったら、どうしたらいいでしょうか。

「こんなはずではなかった」、「なんで自分がこんな目に遇うのか」と、立ち止まってしまう50代の相談者は少なくありません。まずお気持ちを吐き出していただいた後、組織から提示された役割を詳しくお聴きすると、決して「こんな目に」というような役割ではなく、大切な役割だと感じる場合もあります。

おそらく、そのことは相談者自身も頭では理解しているものの、気持ちがついていかないのでしょう。

思い描いていた役割とは違う、自分が選んだのではなく押しつけられた、受け入れることができない。そう思ってしまうのは、外的キャリアに囚われていることが多いのです。この機会に内的キャリアを見つめて、本当にやりたいことを見つけていくことが重要になります。

外的キャリアとは、「どこの学校を出たか」、「どこに勤めている」、「どんな立場で」、「どんな仕事をしているのか」などの客観的な側面です。内的キャリアとは、「働くことに対する考え方」、「生き方」、「価値観」、「仕事に求める意義」などの主観的な側面を指します(外的キャリア、内的キャリアについては次章参照)。

役員時代の私も、自分がいなければ現場は回らないという慢心がありました。自分は必要とされていると安心しきっていたある日、突然ラインから外されたのです。「えっ？ 私はいなくてもいいの？」と驚きましたが、組織というものは、誰がいなくなっても、多少の問題が生じたとしても、なんとか回っていくものです。

もう自分は必要とされてないという疎外感、周囲の視線が憐れんでいるように感じられ、惨めな気持ちでいっぱいになりました。

前述のブリッジスは、想定外のキャリアを提示されたとき、「何かが終わる」ことを受け入れることからはじまると言っています。その後、トンネルを抜け出すまでのプロセスが「ニュートラル・ゾーン」です。頭では、もう過去には戻れない、前に進むしかないことは理解していても、心がついてこない、進むべき方向がわからず立ち止まって逡巡しているつらい時期です。

この時期には、「なぜ自分がこんな目に」という戸惑いや「こんなに頑張ってきたのに」という周囲への怒りが出てきます。また、「みじめで情けない」という悲観に苛まれ、「○○しておけばよかった」という後悔がはじまります。

しかし、過去には戻ることはできず、やがて「どうにもならない」という境地に行きつき、受容していけたときに、次のステップに進めるのです。

## 時間をかけて自分と向き合う

このトンネルを抜けるために大切なのは、じっくり時間をかけて自分と向き合うことです。

- **何が変化するのか、「変化による影響」を客観的に見つめる**
- **不安や葛藤、迷いをありのまま受容する**

・「終わるもの」を明確にして「捨てるもの」を決める
・継続するものを明らかにする

人はこのような転機を乗り越え、自ら未来に向けて進みはじめることで、いくつになっても一皮むけるように成長できます。残りの仕事人生をどう生きるのか、どんな役割を求められているのか、60歳、65歳の自分はどのようになっていたいのか、なりたい自分に近づくために逆算で考えてみましょう。

私の周囲にはいきいきと新たな役割を生きている50代や60代の方が大勢います。たとえば、営業の第一線で活躍し、管理職も経験した方が、その経験を生かした社員の支援、相談対応の役割を担われています。勉強熱心で今や私たちカウンセラー顔負けの知識と経験を積まれています。

また、中堅の人材が不足して、ベテランと若手だけの空洞化した組織では、専門職として培った経験やノウハウで若手の指導役として活躍されている方もいらっしゃいます。

最近の企業は、組織内の新陳代謝を促すことを主な目的として、役職定年制を取り入れています。平成22年度の人事院調査によれば、従業員が５００人以上の企業の35・４％が導入しています。このような時代背景の中で、自分の人生をどのように描いていくのか、自律的に考えていくことが求められているのです。

## リフレーミングで弱みを強みに

先ほど、転機のときに自己否定的になりやすいとお伝えしましたが、そのようなときに役立つスキルに「リフレーミング」があります。

リフレーミングとは、ある枠組み（フレーム）で捉えられている物事を、枠組みをはずして、違う枠組みで見ることです。出来事や物事を、今の見方とは違った見方をすることで、それらの意味を変化させて、気分や感情を変える心理学のアプローチです。

たとえば、仕事で失敗した時に「自分はダメだ」と見るか、「次のために良い経験をした」と見るかで、感じ方が変わります。

また、枠組みを解体していくリフレーミング方法もあります。私たちカウンセラーは、相談者が「色々やることがあってとても無理です」という行き詰まった状態で悩んでいたら、一つひとつ解体し、ひも解いていきます。「色々あるって、具体的にどんなこと？」「いくつあるの？」「どれくらい時間がかかるの？」と質問していきます。質問に答えていくことで頭の中が整理されて、心も落ち着き、解決策が浮かんでくることが多々あります。

就職活動中の学生の中にも、エントリーシートを書くときに、短所はいくらでも書けるけど、長所は思いつかないという人は多いものです。そんなときは、短所をあげてもらい、その一つひとつをリフレーミングして長所の言葉に変えていきます。

言葉は不思議な力を持っています。肯定的な言葉に変えることで、前向きな気持ちになれたり、実際に前を向いたりできるものです。

また、出来事に対してリフレーミングをするときには、「ほかにどのような意味が考えられるか」、「ほかにどのような表現ができるか」と、オープンクエスチョンで考えてみましょう。悩んでいるときほど、近視眼的になりがちです。広い視野で違うフレームからの見え方や価値観で考えてみる。そのことで気づきが生まれます。

人にはそれぞれ個性とも言うべき「性格傾向」があります。

この傾向には強みと弱みがあり、一方向からみると弱みだと感じられるものが、反対側からみると強みとも感じられるのです。

たとえば、「飽きっぽい」というと弱みのようですが、「好奇心旺盛」というと強みに感じます。飽きっぽい傾向がある人は、その傾向に注意しながら、好奇心旺盛の方にフォーカスして欲しいのです。

しかし、残念なことに人はなぜか自分の弱みばかり気にしたり、引きずられたりしがちです。それでは自分の一面しか見ていないことになります。ご自分を振り返って、否定的な面に注目していると気づいたら、肯定的な面から見直してみましょう。

そのためには、自分の強みや弱みを一度書き出して客観的に眺めてみると良いでしょう。書き出すことで、否定的な面を客観視して、少し距離をおきます。そのうえで、自分ではなく、誰か友人が否定的な面を嘆いていると仮定して、元気づけるとしたらどんなアドバイスをするか書き出してみましょう。

人は自分のことに対してはマイナス思考でも、他人へのアドバイスは、プラス思考です。ですから、自分のことを友人へのアドバイスと置き換えると、肯定的な面が浮かんでくるのです。

先日もある相談者が、「色々な部署を転々として、自分には専門的なスキルがない」と落ち込んでいました。

そこで、それぞれの部署での経験と異動の経緯をお聴きして、たくさんの部署でのご経験こそが強みだと感じました。そして、「先ほど専門的なスキルがないとおっしゃっていましたが、私には幅広い知識と人脈と適応力を身につけられたように見えるのですが」とお伝えしました。すると、一瞬とても意外そうな表情をされたあと、「そういう捉え方もあるのですね」と笑みを浮かべて、「考え方を切り替えてみます」と言ってくれました。

専門的なスキルがあることは望ましいことではありますが、すべての人がそうである必要はありません。スペシャリストを目指しているのに専門的な知識を深められていないなら、悩まれるのも理解できます。しかし、特にスペシャリストを目指しているのでなければ、色々な部署での経験は、幅広い知識や人脈、適応力を身につけることができたと捉えることができるのではないでしょうか。

今までの経験が意味あるものだと気づくことが大切です。

## 中年期からのラセン式発達モデル

広島大学の教授で臨床心理士の岡本祐子先生は、「アイデンティティのラセン式発達モデル」を提唱されています。

アイデンティティとは、前述のエリクソンの理論にある青年期の課題で、自我同一性のことです。「自分とは何者か、これこそが自分自身である」という自己概念です。つまり、「自分はどんな人間で、将来どんなことがしたくて、自分の生きている意味は何か」ということを考え、自分らしさを獲得することが大切であるということです。

「アイデンティティのラセン式発達モデル」では、アイデンティティの確立は青年期だけではなく、中年期や定年退職期にも再確立できるとされています。アイデンティティの問い直しが繰り返されることで、自分を振り返り、再吟味し、軌道修正していく中で、再確立されてラセン式に発達していく、という考え方です。

岡本先生はアイデンティティを再確立していくためには「自分らしさ」を深化させることが大切だとし、自分らしさを見直すことで心の危機は抜け出せると言われています。そして、自分らしさを深化させる４つの方法を示されています。

**1　職業アイデンティティを成熟させる**

**2　社会とつながる**

**3　自分らしさを見極める**

**4　今までの体験とやり残した課題を統合させる**

岡本先生は若いころから中年期に興味を持たれて、研究を進められました。大学で教鞭を執りながら、臨床心理士として相談者と向き合ってこられた経験から、この理論は生まれたそうです。

職業アイデンティティを成熟させるとは、仕事人としての自分らしさを深めたり、新たな仕事にも好奇心を持って取り組み、自分らしさを拡げていくことです。こうして、仕事を通したものの見方や価値観、自分なりのスタンスを身につけていくことで、成熟していくことができます。

社会とつながるとは、自分の経験から得たものを社会に還元していくということ。中年期の課題でもある世代性と同じで、次の世代を育てていく役割を担っていくことです。このように次の世代と関わっていくことで、人との関係性の中で自分らしさをさらに深化させることができます。

自分らしさを見極めるとは、いわゆる社会規範に流されず、自分にとって最も価値があるもの、一番大切な自分らしさを見極めるということです。世間体を気にして生き方を選んでいると、何か満たされないものを感じてしまうのではないでしょうか。

競争に勝ち抜くことばかり考えていた人が、病気などをきっかけに生き方を大きく変えることがありますが、できれば病気にならなくても、自分らしさを見極められることがベストです。

今までの体験とやり残した課題を統合させるとは、どういうことでしょうか。

それは、人生を振り返り、やり残した課題や、後回しにしてきた願望と、今までの体験を統合させ、意味づけをしていくことです。点と点でしかなかった経験を結びつけて線にしていくためには、人生を丁寧に振り返ることがとても重要になってきます。

## キャリアの棚卸しを面倒くさがらない

まず、自分の今までの人生を振り返り、肯定的に捉えてみましょう。

そのためには、客観的に書き出すことが役に立ちます。これは「キャリアの棚卸し」と言われる作業で、今までの経験を時系列にまとめながら、自分と向き合っていきます。過去のことがなかなか思い出せず、少し時間がかかるかもしれませんが、その時間をつくることが大切です。億劫がらずにやってみてください。

失敗や忘れてしまいたい過去もあると思います。

それも今となっては良い経験だったと少し違った受け止め方ができるはず。頑張ってきた自分、輝いていた自分がいるはずです。様々な自分、自分の経験をきちんと振り返って受け止めることで、自分らしさを深化させていくことができます。

今までの経験は自分にとっての宝物です。その宝物をこれからどのように輝かせていくのか、方向性を模索し、軌道修正していく作業です。

アイデンティティは青年期に一度確立したら終わりではなく、中年期や定年退職期に再吟味すれば、新たに獲得できるもの。人は生涯発達し続けられる。そんな岡本先生の理論に、私はとても勇気をもらいました。

## キャリアにUPもDOWNもない

心理学者であり組織行動学者であるダグラス・ホールは、「成功や失敗はキャリアを歩んでいる本人によって評価されるものであり、他者によって評価されるわけではない」と言っています。

キャリア研修のタイトルにも「キャリアアップ」という言葉がよく使われますが、あまり好ましい言葉だとは思いません。キャリアとは、一人ひとりの人生であり、経験の積み重ねであり、未来だと思います。他人から見れば理解しがたい選択も、本人が納得していて幸せなら良いのではないでしょうか。

人生は選択の連続です。特に転機には大きな選択を迫られます。しっかり悩んで、自分で決めたのなら、あとはその選択で良かったと思えるように努力するのみです。時折、自分が選ばなかった道の方が、良く見えてしまい「○○を選べばよかった」と悔やんでばかりの人がいます。自分の人生を楽しく、豊かにするのは自分次第であり、ないものねだりの人生ではもったいないですね。

「危機」とは、「岐路・分かれ目」という意味です。心の発達にとってさらに成熟の方向へ進むか、あるいは退行の方向へ陥るかの分岐点を示していることを忘れないでください。

岐路に立ったとき、それを成熟していく「好機」と捉えて、何を選んでいくのか自己決定していくことが大事です。若いころ、できなかったことに挑戦できるチャンスにしていきましょう。

私にとっては、それがカウンセラーという道を選ぶことであり、大学へ進学することと、絵を学ぶことでした。

退職を決意したとき、一度しかない人生を自分らしく楽しく過ごしたいと考えました。40代以降の人生を自分らしく過ごすために、20代、30代は、がむしゃらに突っ走ってきたように思います。

よく学生に「先生のキャリアチェンジは成功だったの？」と訊かれます。そんなとき、「人生は二度経験できないから、比べられない。でも、自分が選んだ道の方が良かったと思えるように、自分のエネルギーは使っていこうと思っている」と答えます。選んでいない道を羨んでばかりで後悔するのは、もったいないですから。

後悔はしていませんが、反省点としては、終焉をきちんと受け止めないまま、現状から抜け出したいために、結論ありきで焦って退職を決めてしまったことです。

結局ニュートラル・ゾーンで長くもがくことになってしまいました。心の準備が整っていませんでした。また、退職前にもっと社外との交流を増やしておけば、退職後の動きは効率的だったと思います。

だからこそ、みなさんには自分の将来に関心を持ってレディネス（準備性）を整えておくことをお勧めします。将来を考えることで、突然の変化にも対応できる適応力を身につけられるのです。

## いくつになっても自分を育てる

ここで、尊敬する宮城まり子先生がよく言われる「育自」という言葉をご紹介します。「自分を育て成長させるのは自分だ」という意味の言葉です。

環境のせいにして立ち止まってしまっては、自分の可能性の芽を摘んでしまいます。中年期は人生の折り返し地点です。自分を取り巻く環境に問題があるのなら、その環境をどのようにして変えていくことができるのかを考えてみましょう。

急いで自分を取り巻く環境を変える必要はありません。たとえば、お子さんが高校

1年生だからあと7年は今の収入を確保しなければならない。では、10年先にキャリアビジョンに向けたアクションを起こそう。それまでは、現状維持と10年先のビジョンに向けた準備を少しずつしていけば良いのです。

自分の人生に関心を持って、可能性を拡げていきましょう。40代からでも、50代からでも遅くはありません。むしろ、中年期だからこそできることがあります。自律的に自分らしい人生を選択していきましょう。

私の選択のひとつ、学び直しについてもお伝えしておきます。

色々な方から大学で勉強してみたい、学び直しをしてみたいと相談を受けます。みなさん、大変そうとか、続かないのではという不安をお持ちです。

日本では欧米諸国と比較して、リカレント教育が遅れているといわれていますが、2017年には国からの予算も増え、推奨されています。学生のときに習ったことだけでは通用しない、生涯にわたって学び続ける必要性もあってのことだと思います。

とはいえ、中年になってから未知の世界へ一歩、踏み出すことがなかなかできない人は多いでしょう。私も、勢いで大学への入学を決めたまでは良かったのですが、入学金振込みの期日ギリギリまで迷っていたくらいです。

しかし、迷ったら一歩を踏み出すこと。

学び直しは、水車と同じです。最初、回りはじめるときは、大きな力が必要ですが、一度回りはじめると勢いがついて、どんどん意欲や好奇心に後押しされていきます。

もちろん、時間的な拘束や経済的な問題もありますが、目的を持って学ぶことは、心の豊かさにつながるように思います。若い世代とのふれあいや教授陣との関わりが良い刺激になるのです。進む学部や専攻によっても違いますが、専門科目や基礎科目など自分が学びたい科目を選んでいけば良いのです。

いきなり、学部や大学院に行くのは勇気がいるようなら、科目履修などで様子を見ることもできます。大学によって差はあるものの、どこも少子高齢化の影響を受けており、社会人の学び直しには積極的に門戸を開いていますので、ぜひ調べてみてください。

「ワーク・ライフ・バランス」という言葉は一般的になってきましたが、私の恩師である、桐村晋次先生は「ワーク・ライフ・スタディ・バランス」が必要だとおっしゃっています。学ぶことで新しい知識だけでなく、人脈や視野を拡げていけるのです。そしてそれが直接的に何か外的キャリアに影響するというよりは（人脈をつくって営業に結びつけるというのではなく）、内的キャリアに影響を与えるのです。たとえば、自己肯定感が高まったり、心が豊かになったりと。その内的キャリアがまた外的キャリアを方向づけていくのではないでしょうか。

## 44歳からの学び直し

結果的に私は、44歳から大学で過ごした4年間と大学院での2年間であらゆる基礎的な知識を身につけることができました。独立の5ヶ月前に、たまたま読んでいた雑誌に出ていた「社会人大学生」の文字に興味をひかれます。そのとき募集をしていたいくつかの大学の中で、英語の試験がなかったのが法政大学のキャリアデザイン学部でした。

当時私はメンタルヘルスの予防的なカウンセリングを目指していましたので、キャリアについて学びたい、と明確な目標があったわけではありません。しかし、高校を卒業して働いていく中で、「一度大学で学びたい」、「大学生を経験してみたい」と思い続けていたので、挑戦してみようと思ったのです。

新設の学部だったため、社会人の倍率はかなり高いようでしたが、なんとか合格。ところが、入学手続きに入ったときに体育の授業が必須だと気づきました。「44歳で体育の授業？　何をふざけたことを」と、学務に電話までかけて抵抗しましたが、結局受け入れるしかなく、夏季集中授業という4日間連続の体育授業を多摩校舎まで受けにいきました。無駄な抵抗をやめると、「こんな経験、そうそうできるものではない」と楽しむ気持ちが、自分をどんどん解放させていくようでした。

3年生からスタートするゼミで25歳年下の友だちができました。私が結婚した年に生まれた彼らと一緒に日々を過ごす。世代を超えたネットワークが拡がっていく。他では得られない経験です。

大学生活は私の第2のキャリアに大きな影響をおよぼす経験が詰まった4年間でし

た。まさにこれこそが、スタンフォード大学のクランボルツ教授が提唱された「計画された偶発性」だと思います。

20世紀末に発表されたこの理論では、個人のキャリアは、予期しない偶然の出来事によってその8割が形成されるとしました。その偶然の出来事を、主体性や努力によって最大限に活用し、キャリアを歩む力に発展させることができるという考え方です。偶然の出来事をただ待つのではなく、それを意図的に生み出すように積極的に行動したり、周囲の出来事にアンテナを立てたりして、自らのキャリアを創造する機会を増やしていくことが大事だとしています。

積極的に行動して偶然を必然化する行動・思考のパターンとして次の5つを示しています。

- **好奇心　たえず新しい学習機会を模索すること**
- **持続性　持続しなければ、成長できる機会は出現しない。失敗に屈せず努力し続けること**

**・柔軟性　柔軟でなければ、成長できる機会を受け入れられない。こだわりを捨てること**

**・楽観性　楽観的に前へ進む。新しい機会を実現可能と捉えること**

**・リスク・テーキング　不確実でリスクがあっても、行動を起こすこと**

思いもよらぬラッキーを「棚からぼた餅」と言いますが、棚の下に行くという行動がなければ、ぼた餅が落ちるのをただ眺めるだけ。まずは、棚の下に行くという積極的な行動が偶然を引き寄せます。

私はその後、大学院へ進みますが、心理学、社会学、教育学、経営学と幅広く学ぶことができました。研究法も質的研究や量的研究、統計学などを学ぶことで、客観的な思考を養うことにつながりました。論文を作成して投稿し、ふたつの学会で査読つき学会誌に掲載されたのは、大きな自信となりました。

前職では実力より常に肩書きが先行していて、心もとない状態でどこか不安を持ち続けていました。そんな自分から、「中年期の危機」を節目に、変わることができたのです。

学び直しをしていくことで一歩ずつ積み重ねていく手応えを感じられるようになり、やっと最近少し自信が持てるようになってきました。自信とは、字のごとく自分を信じること。私がようやく自分を信じられるようになったのは、学問的な学びと実践経験の両面から自己研鑽してきたからです。

# 第2章
# 組織内キャリアで悩んでいる方へ

# 内的キャリアと外的キャリア

この章では、組織内キャリアの悩みについて、取り上げていきます。現在組織に所属している方のみならず、これから組織に所属されるかもしれない方に向けても、お伝えします。

その前に、前章でも簡単に触れましたが、キャリアについての前提を共有しておきましょう。

「キャリア」という言葉は、外的キャリアと内的キャリアというふたつの軸から捉えることができます。たとえば、自分の経験を振り返るときに、「どこの学校を出たか」、「どこに勤めている」、「どんな立場で」、「どんな仕事をしているのか」などの客観的な側面があります。

一方、こうした外的なこととは別に、「働くことに対する考え方」、「生き方」、「価値観」、「仕事に求める意義」などの主観的な側面もあります。

この客観的な側面を「外的キャリア」、主観的な側面を「内的キャリア」と言います。

一般的に「キャリア」と聞くと、外的キャリアをイメージされる方が多いと思います。しかし、内的キャリアは外的キャリアに大きな影響を与えることから、自分の内的キャリアを見つめることはとても大切です。

たとえば、同じ職場で同じ仕事をしているAさんとBさんがいて、Aさんは「この仕事はとても自分に合っていて、毎日が楽しい」と感じており、Bさんは「なぜ私がこんな仕事をしなければならないのだ」と感じていたとします。

嫌々仕事をしているBさんは転職を考えるかもしれませんし、そのような姿勢で仕事をしている人に対して周囲はあまり期待していない状況も考えられます。

反対に日々楽しそうに仕事に向きあっているAさんには、周囲も期待してどんどん仕事を任せていくかもしれません。このように、内的キャリアは外的キャリアに直接的・間接的に影響を与えていくのです。

# 内的キャリアを見つめよう

私の組織内キャリアは、係長から理事部長までの階段を駆け上がり35歳で役員になり、44歳で退職するという26年間でした。役員になった年に、主人を大阪に残し東京へ単身赴任しました。

外的キャリアで言えば、大成功に見えるかもしれません。仕事に生きた女性の先駆者的な存在と思われていました。

しかし、内的キャリアはまったく違い、ずっと不安を抱えていました。小学生が高校生のダボダボの制服を着ているような、肩書だけが大きくなり、中身がまったく伴っていない状態で、「この会社の中では通用しても、外の世界では通用しないのでは」という不安を常に感じていました。

オペレーションの現場で、部下と共に日々の課題を解決しながら、品質と生産性を上げて効率的に仕事をしていくことには自信を持っていましたが、それは、せいぜい係長クラスの仕事です。それが、課長、次長、部長と、どんどん役職だけが上がっていき、心が追いついていませんでした。

与えられた役割に対して、「期待に応えなければ」という思いが強く、表面上は強がってどんどん鎧を身につけている状態だったと思います。組織からの期待に中身が伴わない不安を抱えていたため、突然の役割変更で現場から離れることを受け入れることが難しかったのです。

当時はとても自己肯定感が低かったのでしょう。そのため、内的キャリアがいつも満たされない、不安定な状態でした。自分の内的キャリアときちんと向きあうことができていなかったこと、自分の経験を肯定的に捉えられていなかったこと。そういったことが、環境変化への対応ができずに苦しむ結果になったのです。

だからこそ、みなさんには、まずご自身の内的キャリアについて見つめていただきたいと思います。内的キャリアに注目することは、生きがいや働きがいといった自分のモチベーションの源泉を知ることです。

今私は、様々な企業のキャリア研修で自分の経験を振り返り、自分の経験を肯定的に捉えることが大事だと伝えています。

そして、それは自分らしさを実現、実感するための手がかりを得ることにもつながります。

## 組織内キャリアで迷いが生じたとき

「このままこの会社に居ていいのだろうか」と立ち止まる時期は誰にでもあります。会社に勤めながら、「組織内キャリア」を積み重ねていく間、常にモチベーション高く、様々な業務に取り組めていれば、キャリアについてそんなに悩むことはないでしょう。

しかし、思い描いていた理想と現実にギャップを感じてしまったとき、適応していくまでに時間がかかる場合があります。

また、「所詮こんなものか」と諦めてしまい、やる気を失い、向上心をなくし、心の奥ではそんな自分を責めてしまうことで、徐々に自己評価が低くなってしまう人もいます。

組織の中で自分のキャリアに迷いが生じたときは、結論を急がずに、自分の経験を振り返る時間と将来について考える時間を持ってみてください。そして、できればキャリアカウンセラー、もしくはパートナーや友人など、仕事上での利害関係のない、信頼できる人に相談してみましょう。人に相談することは、違った視点からの選択肢を増やすことにつながります。

特に20代の方は、まだ組織の中で学ぶことが多い時期です。「社会化」が求められる時期であり、この時期にしっかり仕事をする上での基礎力や適応力を身につけて、その後の可能性を拡げていく必要があります。

とはいえ、組織内キャリアを重ねていきたいというモチベーションが、どうしても上がらないのなら、自分で区切りを設定して気持ちを切り替えてみてください。

たとえば、「1年後に辞めよう」、「あの仕事ができるようになったら辞めよう」など、具体的な期間やスキル習得を設定してみてはいかがでしょうか。人は終わりや区切りがあると思えば、そこまでは頑張れるもの。辞めるかどうかは、実際にその区切りがきたときに、もう一度、考えればいいのです。

20代は自分の「キャリア・アンカー」を育てていく時期です。

キャリア・アンカーとは、アメリカの組織心理学者であるエドガー・H・シャイン博士によって提唱された概念です。個人がキャリアを選択する際に、自分にとって最も大切で、これだけはどうしても犠牲にできないという価値観や欲求、動機、能力などを指します。色々な仕事にチャンレンジし、成功や失敗の試行錯誤を重ね10年くらいでアンカーは形成されていくものです。

実際に仕事に就くと、その仕事が自分が思い描いていたイメージとは違っていたり、うまくいかなかったりすることは多々あります。短い経験だけで安易に向いている、向いていないと結論を出してしまわずに、まず目の前の仕事を精一杯やっていくことが必要です。なぜなら、自分に向いている仕事などそんなにすぐに見つかるものではないからです。

# 自分のキャリア・アンカーを考える

キャリア・アンカーとは「セルフイメージ」で、「何をしたいか」ではなく「どのようにしたいか」を問うことで見えてくると言われています。

シャインはキャリア・アンカーを8つに分類しましたが、それによって「適職がわかる」というようなものではありません。自分の「軸」や「拠り所」を明確にしてキャリア・アンカーを満たせるように、今の仕事を再構成したり、取り組み方を変えたりすることが大切になります。

私は大学でキャリアの授業を担当していますが、学生には、「社会に出てから、『何故こんな仕事を私がやらなければならないのか』と思ったときは、周囲の人に、『この新人には、もっと上位の仕事をさせないともったいない』と思わせなさい」と話しています。

組織の仕事に「無駄な仕事」などはなく、組織に適応していく間は、目の前にある仕事を一歩ずつできるようになっていくことが大切です。20代は、限界を決めてしまわずに、自分の可能性を拡げるためにも、好奇心を持って色々な仕事に挑戦して欲しいと思います。

数年経験を積んだあと、今の組織で継続していくことに迷ったら、自分にとってのキャリア・アンカーはどのようなことなのかを一度考えてみましょう。今までの経験を振り返り、何を学び、どのような能力を身につけ、何を選択してきたのかを確認してみてください。様々な経験としての「点」が、気づいたら「線」になっていくようにつながって、自分自身の進みたい道が見えてくるでしょう。

## リソースを蓄える

30代以降の方であれば、自分自身のキャリアビジョンを描き、実現のためにリソース（資源）を蓄えていきましょう。

会社にいるとそのメリットは感じにくいかもしれませんが、組織に守られていることはたくさんあります。社名や肩書きが入った名刺を持っているだけで、門前払いされずに済んでいることも多いのです。そのメリットを最大限に活用し、将来のための備えをすることをお勧めします。

たとえば、転職する道、独立する道、仕事より趣味を優先する道、変化の少ない現状維持の道、様々な選択肢があると思います。ビジョンを描いてもその通りに進めるかどうかもわかりません。それでも、ご自分のキャリアをどう重ねていきたいか、一度じっくり向き合って考えてみれば、自分には多様な選択肢があることがわかります。

一方で、自分の価値も確認してみましょう。たとえば、人材紹介企業に登録してみることで、どのような条件で転職が可能か客観視できます。

今いる部署が向いていないだけで、違う部署なら頑張れるかもしれません。同じ会社でも自分の部門のことしか知らないという人は意外に多いので、他の部署とのつながりを積極的につくっていくことも大事です。そして自己申告制度などを利用して、異動できるチャンスを自分からつくっていくこともできるはずです。転職するか異動するかは、最終的に選べばいいのです。

このように様々な可能性を考えたうえで自己決定していきましょう。

# 自分を過小評価せず可能性を広げる

組織に属していれば、自分では気づかない可能性を拡げてもらえることもあります。よく女性管理職の方のお話をお聴きしますが、「最初は管理職を目指してはいなかった」という方が大半です。しかし、周囲の評価は異なっていて、管理職としての素養を認められて、可能性を拡げる機会を得たのでしょう。

反対に、折角機会を与えられても、自分にはとても無理と自分を過小評価して、成長の機会を失ってしまう女性が多いのも事実です。

他にやりたいことがあるとか、ゼネラリストよりスペシャリストを目指しているとか、プライベートの充実が優先だとか、目指す道が明確にあるのなら別です。

しかし、そうでないなら、偶然の機会をひとつの選択肢として考えてもいいのではないでしょうか。自分では気づいていない可能性が、自分の中に眠っているかもしれないのです。

もちろん、女性だけに限りません。男性女性を問わず、少なくとも、自分のどのようなところに可能性を見出して、機会をいただけたのかを聴いてから、考えてみても良いと思います。そして推薦理由が納得できたら、勇気を持ってチャレンジしてみましょう。

私の場合も偶然、上司が私の可能性を拡げてくれました。

私の自己イメージは、内弁慶で人見知りです。将来設計など何もなく、とりあえず25歳までに結婚して、退職して専業主婦になるのが目標でした。実際には就職してすぐに母が子宮がんにかかったことで看病が当面の私の使命になり、先のことなど考えている余裕はなくなりました。22歳のときに母が永眠し、ぽっかり心に穴が空いたようになっていました。

そんなとき、仕事で良かれと思って取った行動で「問題児」のレッテルを貼られてしまいました。理不尽な扱いに、結婚の予定もなかった私は、転職も考えましたが、そのタイミングで憧れていた上司から「福岡行き」を勧められたのです。

「問題児」のレッテルを貼られ、なかば投げやりになっていた私に、その上司は話を聴いてくれ、私の行動とそのときの気持ちを受け止めて、認めてくれました。そして福岡で力を発揮して欲しいと、4ヶ月間の福岡支社立ち上げ支援を勧めてくれました。この上司の動機づけがなければ、多分私は退職をして違う道を進んでいたでしょう。自分のことをわかってくれない閉塞感から抜け出せたのは、やはり私の行動を承認してもらえたことが大きかったように思います。

その後、大阪に戻った私に用意されていたのは管理職になる道でした。結婚退職をして専業主婦になるつもりでしたし、人前で話すことも苦手だった私が管理職になるなど微塵も考えていませんでした。それでも、それまでの大阪での経験や福岡での支社立ち上げなどの経験が、「やれるかも」という感覚、自己肯定感を高めてくれたのです。

この選択が、私の職業人生の本格的なスタートにつながる転機となったのです。当時はまだまだ管理職になるという本当の覚悟など何も持たない甘ちゃんでしたが、会社の成長に引っ張られるようにして、自分が思い描いていた人生とは真逆のマネジメントの道を駆け上がることになりました。

## 自ら成長の機会をつかむ

有名なマズローの欲求階層説では、人間の欲求は5段階のピラミッドのように構成されていて、低階層の欲求が満たされると、より高次の階層を欲求すると言われています。

第1階層「生理的欲求」、第2階層の「安全欲求」、第3階層の「社会的欲求」、第4階層の「承認欲求」、第5階層の「自己実現欲求」とありますが、私はこの第4階層の「誰かに認めてもらいたい」という内的な欲求を満たされたからこそ、前向きに一歩を踏み出せました。この上司の承認行動は「問題児」を長期出張も厭わない「戦力」に変えたのです。

しかし、現実にはなかなか承認してもらえることは少ないと思います。自己実現欲求は成長欲求です。キャリアをデザインしていくためには、成長欲求が必要です。自分の可能性を信じて成長したいと思えるように、まずは自分が頑張ってきた経験を整理して、振り返る時間を持ってください。そして、その経験を誰かに語ることで承認してもらうことも有効です。カウンセラーに語るのも良いと思います。

少なくとも、キャリアの選択で迷ったら、自分には無理だと自分を過小評価して諦めてしまわずに、一度経験を振り返る時間を持ってください。諦めることはいつでもできます。でも、機会はいつでも訪れるわけではありません。成長の機会をつかんで自分の可能性を拡げていけるのは、自分なのです。

## 仕事が合わないと感じたら

ある女性が、新卒で仕事を選ぶときに「英語が好きだ」という理由で航空会社に応募して、地上勤務として採用されました。

入社後、一生懸命頑張っても業務がうまくできずに怒られてばかりで、3年間で始末書を大量に書いたそうです。ルールに従い同じようなことを繰り返す慣習的なことを要求される環境に彼女の特性は合わなかったのです。

航空会社は定時運航をおこなうために、厳密につくられたルールがあり、それを遵守することを求められるのは当たり前のことです。しかし、若いときには職場の環境や求められる能力がわからず、自分の特性が合わないと気づかないことも多いのです。だからこそ、支援する人の役割が重要なのです。特に初職に就くときの選択は、その後に大きな影響を与えます。はじめて社会に出たときに、彼女のような経験をしてしまうと、「自分は社会で適応できない」と思ってしまう恐れもあります。

日本企業の多くはジョブ型採用ではなく、どのような仕事をしていくことになるか、組織が適性を判断して配属していきます。環境特性と個人特性がミスフィットしていると、うまく適応できないことや、やりがいを感じられないこともあり、継続していくことに迷いが出てきがちです。

この女性のように、明らかにミスフィットならわかりやすいのですが、キャリアカウンセリングをしていると「特に不満があるわけではないが、漠然とした迷いがある」という方によく出会います。

このようなご相談のときには、P-Efit理論にあてはめて考えてみるとわかりやすくなります。

キャリアは人間（Persom）と環境（Environment）との相互作用によって決定されると言われており、ミスフィットしている場合、個人（価値観、能力、適性、興味関心など）と、環境（職場環境、仕事内容、役割、人間関係など）の、何が合わないのかを明らかにしていくことが必要となります。

このときに大切になってくるのが、前述の「内的キャリア」です。その方の「内的キャリア」、すなわちどんなときにやりがいを感じるのか、どんな働き方をしていきたいと思っているのか、です。

また、人間（P）と環境（E）は完全にフィットすることはなく、継続的にPとEに対する意味づけや解釈を変化させていきながら、徐々に両者を近づけていくことでキャリアをつくり上げていくことが重要です。

先日も、ある女性が今の職場の環境はとても良いので、流されそうになるけど、「何かが違うのでは」「このままでは後悔するのでは」という、不安を抱えていらっしゃいました。

そこで、ご自身の内的キャリアと環境の何がミスフィットしているのか、他の部署でフィットしそうな仕事はあるのか、そんな整理をしながら、一緒に考えていきました。

このような考え方がわかっていれば、回り道をしないで済みますが、試行錯誤を繰り返しながら気づいていくこともあります。

## 自分の優先順位を客観的に見つめる

たとえば、私は25歳で結婚退職するつもりでしたが、役員の「口車」に乗って、営業所から本部に異動しました。自分では現場の変動要素の多い仕事と家事の両立はミスフィットだと思っており、それを解消する案が会社から提示されたからです。

異動に伴い仕事もオペレーターの管理をする、いわゆる現場の仕事から、典型的なデスクワークに変わりました。

ところが、ほどなく私は気がつきました。デスクワークこそミスフィットだと。確かに仕事の量も適正であり、変動要素が少ないため定時に帰れる、「家庭と仕事の両立」には最適な環境でした。しかし、「私はこの仕事には向いていない」ということを日々実感するようになったのです。

それまで私は部下たちと一緒に業務の改善に取り組み、問題解決に悩み、現場の熱気を感じながら事業所を切り盛りしてきました。異動先のような人と関わりのない本部の仕事は、あまりに手応えがなさすぎたのです。

そのことを上司に伝えると、次のようなやり取りになりました。

「あんたがラクな仕事がいいと言ったから、異動させてあげたんやろ」

「でも、この仕事はあまりにラクすぎて面白くない、やりがいが感じられません！」

「アホ、ラクでやりがいのある仕事なんてあるわけないやろ！」

「え、そうなんですか？」

まるでコントのようなやり取りですが、上司にそこまで言われて私もやっと気がつきました。

仕事に「やりがい」を求めるのであれば、大変なことも引き受けていく覚悟が必要だったことに。そして、私はラクな仕事をするより、「つらいことがあっても手応えの感じられる仕事をしたい人間なのだ」ということがようやくわかったのです。これが私の内的キャリア、仕事に対する価値観であることがわかりました。

こうして、適切な理論に当てはめて考えると、自分にとっての優先順位はどうなっているのかを客観的に見つめていくことができ、自己決定できるようになります。いくつかの選択を繰り返しながら、自分なりの働く意義や目的を明確にしていけるのです。

みなさんも、今の仕事や職場が合わないと感じているのなら、自分の何と環境の何が合わないのかを見極めてから、今後の方向性を選択することをお勧めします。そのためにも、まずご自分の内的キャリアを見つめてみることを忘れないでください。

## ストレスへの気づき

組織で働くときのセルフケアとして覚えておいて欲しいのが、ストレスへの気づきです。仕事にも慣れて戦力となってくると、どうしても業務量は増えていきます。思うように進まない業務、人間関係が絡む出来事、裁量が低い環境など、色々なストレスが溜まってきて、気づかないうちにエネルギーが枯渇してしまうのです。

時々、「自分のエネルギー量は大丈夫かな」と、確認をしてください。「退社後の買い物がめんどうくさいな」などと、いつもと同じ行動がおっくうに感じたら、注意信号です。

時には充電も必要だということを忘れないでください。充電方法は人それぞれだと思いますが、まずはしっかり睡眠をとることが、ストレス対策の大前提です。近年は睡眠の研究が進み、「睡眠負債」を解消する必要性が取り上げられています。

実は私も35歳で役員になり、東京へ単身赴任となったとき、アトピー性皮膚炎になりました。病院に行って薬を処方されますが一向に改善されず、睡眠不足にもなり、かなりつらい状況が続きました。

そのころ上司との関係がうまくいっておらず、かなりのストレスを受けていました。しかし、当時メンタルヘルスの知識を持っていなかった私は、「あんな人の存在くらいで、体調不良になるほど私は弱い人間じゃない」と考えており、自分のストレスに気づいていませんでした。弱いとか強いとかという問題ではなく、「誰でもストレスの影響を受ける」ということが理解できていなかったのです。

そのような状態が続き、さすがに精神的に追い詰められて退職を考えはじめたころ、突然アトピーが完治したのです。

何が起こったと思いますか?

関係がうまくいっていなかった上司が退職しました。すなわちストレスの要因がなくなったのです。これには驚きました。

私はこの実体験をメンタルヘルスの研修で次のように紹介しています。

**・精神的に強い弱いではなく誰でもストレスの影響を受け、メンタル不調になる可能**

性がある

- **最初に身体に症状が出ることが多いため、原因がわからない場合はストレスの影響を考えてみる**
- **自分ではなかなか気づかないので、周りが気づいてあげることも重要**

もしあのままの状態が続けば、退職をするかメンタル不調に陥るか、どちらかだったと思います。苦しい経験でしたが、カウンセラーとして仕事をするようになった今は、とても意味のある経験だったと思えるようになりました。

このように過去の経験において事実は変わらないけれど、自分にとっての意味合いが変わることは多々あります。人生には様々な壁や課題に直面することが幾度となく訪れますが、そのようなときには、「この経験は将来の自分に何らかの意味があるのかもしれない」と捉えることで、少し課題に立ち向かう勇気が出てくるのです。

# 新しい環境には簡単には適応できない

ストレスについては、環境要因として組織側も考える必要があります。転職者や異動者を受け入れる部署や採用する部署の方たちが、新しい環境に適応するのは誰でも簡単にできるわけではないということを理解していただいていると良いのですが、案外わかっていない事例によく遭遇します。

なぜ事前に動機づけをしていないのか、なぜ異動後しばらくフォローをしていないのか、と疑問に思うことが多々あります。適応支援は異動後、より良いパフォーマンスを出してもらうために必要なことです。

私自身前職で採用を統括していたとき、中途採用で入ってもらった女性から指摘されたことがあります。

「なぜ、新人にはあんなに丁寧に研修をするのに、我々中途採用者には入社後の研修がないの？　即戦力と言っても、その力を発揮するためにどう動けば良いのかがわからず、この会社のルールや社風を教えてくれる研修がないと、戦力になれない」と。

私はプロパー社員で、転職経験がなく、その気持ちがまったく想像できていなかったことを反省しました。彼女のようにきちんと言葉で伝えることができる人は良いのですが、そうでない人は早期に離職してしまったり、メンタル不調に陥ってしまったりするケースもあります。

環境の変化によるストレスは大きいものがあります。たとえば昇進などで立場が変わったときに、早く前任者のようにうまくマネジメントしなければならないなどと、自分で自分を追い込んでしまう相談者によく出会います。

客観的に見ると、数日前まで指示されている側だったのに、マネジメントする側になった途端、いきなり前任者と同じように的確な指示をするのは難しいとわかるはずです。しかし、当事者になると前任者と同じようにやらなければならないと焦って空回りしてしまう人が多いのです。職場異動で、仕事もよくわからない、人間関係も築けていない、そんな状況ではすぐにキャッチアップできなくて当たり前です。

こんなときは、焦らないでください。仕事から把握していくのか、人間関係から築いていくのか、その職場に適応していくための計画を立てていくことが重要です。

マネジメントしていくうえで何を先に押さえるべきかを考え、それ以外のことはしばらく周囲に助けてもらうくらいの気持ちを持って取り組むことが結果的に早道です。

# 第3章
# ライフキャリアで悩んでいる方へ

## ライフキャリアをどう考えるか

この章では、キャリア形成と家庭の両立に悩む方へお伝えしていきます。特に女性に向けたメッセージが多くなりますが、どうか男性の読者の方も「自分には関係がない章」と読み飛ばさないでください。

なぜなら、パートナーがいらっしゃる方にとっては、相手のキャリア形成は、家族で協力して考える必要があります。また、企業にお勤めの男性は、現在女性が置かれているキャリア形成における悩みを理解しておくことは大切です。

そして、これからの時代、出産や子育て、そして介護などは女性だけの役割ではなくなり、夫婦が協力していく必要性が増していきます。男性が育児・介護で休業することも、もっと増えてくるでしょう。

ライフプランとキャリアプランの両立、「ワーク・ライフ・バランス」を考えて働くことは、男女共通の課題です。

さて、多くの女性は、結婚や出産、転勤や昇進の際に、それによって起こる変化を考えます。パートナーのキャリアへの影響や子どもの将来に与える影響が絡んでくるからです。

女性の相談者にありがちなのが、前述しましたが、ご自身のこれまでの経験を過小評価しているケースです。こうした方は、パートナーのキャリアや子どもの将来だけを優先しがちなのです。もちろん家族の将来を考えることも必要ですが、それと同様に自分自身のキャリアをもっと大切にして欲しいと思います。

フェイスブックの最高執行責任者のシェリル・サンドバーグの著書『LEAN IN――女性、仕事、リーダーへの意欲』でも、女性リーダーがなかなか増えない最大の理由は、「女性が自分を過小評価してしまうことである」と書かれていました。アメリカでさえ、そうなのです。

私も同じことを感じています。近年は「女性活躍推進」をテーマにした講演のご依頼が増えましたが、そこで出会う女性が「自分にはたいした経験も実績もない」と考えていることがよくあります。

実際、改めてお聴きしたその女性たちの経験は、どれも素晴らしいものでした。しかし、ご自分を過小評価しているために、いざ転機が訪れたとき、自分のことよりパートナーやお子さんを優先してしまいます。そして、数年後に後悔することになってしまう……。

きちんと自分のキャリアも周囲の人のキャリアも考えて、そのうえで納得する選択をして欲しい。自分のことも一緒に土台に乗せて、時間軸の中で将来を考えてみて欲しいと思います。

たとえば、このように考えてみてください。

「今はいったんパートナーの転勤についていくけれども、〇年間くらいのはずだから、その間は派遣で〇〇の経験を積んで、戻ってきたときのキャリアにつなげていこう」

「今のプロジェクトが終わるまでは、夫に単身赴任してもらって、経験と実績を得てから後で赴任先に行こう」

「まずは産休を取って、育休期間をどれくらいにするかよく相談して、時短勤務等会社の制度と社外のサポートがどれくらい得られるかよく検討をして、最終的に決めよう」

というように、現在と将来の両方を考えてみてください。今は育児で忙しくても、子どもは確実に育っていき、ご自分の手を離れていくときが訪れます。目の前のことだけに捉われず、将来を考えて、そこから逆算して今をどう過ごすのかを決める視点を持つことが大切です。

そのためにも、できれば転機が訪れる前に、ご自身のキャリアを主体的に考える機会を持って、今までの経験を振り返って、誰かに経験を語り、肯定的に捉えなおす時間を持ってみてください。準備をしておくことで、自分のことを後回しにしないで落ち着いて転機に向きあうことができ、良いターニングポイントにしていくことができます。

２００６年に私が実施した「女性の就業意識に関する聞き取り調査」では、「入社後7年目までに成長の機会を経験した女性は、仕事の充実度が高まり、職業観に影響を与える」という結果が得られました。成長の実感を持てていると、ライフイベントで選択をする場合に、自分のキャリアも含めて考えようとするのです。

20代で成長の機会を経験して、その経験を自信につなげ、自己評価を高め、自律的なキャリアを考えていって欲しいと思います。

## 女性活躍が普通になる環境へ

女性活躍推進を目標に取り組まれている企業が増えていますが、本来は性別関係なく活躍できる環境が普通になることが一番重要です。

女性の抵抗感を少しでも低くするためには、女性が管理職に就くことが「特別ではない環境」をつくることです。女性が多い職場なのに管理職だけ男性という組織を見るとなんとも勿体ないことをしているなと感じます。

典型的な職場はコールセンターです。前職の経験からコールセンターでの研修やカウンセリングのお仕事をする機会が多くあります。グループリーダー、スーパー・ヴァイザーまでは女性でも、マネージャーになると必ず男性が出てきます。「ガラスの天井」があるのです。

ガラスの天井とは「Glass Ceiling」の訳で、組織内で女性のキャリアアップを阻む「見えない天井」になぞらえた比喩表現です。

女性活躍推進法の施行にともない、各企業は女性活躍推進の取り組みをはじめています。しかし、本当に女性を育てていきたいのか、空回りしているように感じることもあります。

たとえば、先ほどのコールセンターのように女性の多い職場でマネジメントの経験を積み、次のステップを目指してもらう、そのような「女性が活躍することが普通の環境」をつくることが望まれます。

私が以前働いていた会社は今でいうベンチャー的な企業で、女性の力を大いに活用しようという画期的な会社でした。今でも覚えていますが、私の採用面接のとき、前に並んだ部長・次長・課長はすべて女性でした。私を部屋へ誘導する係の方は男性だったのです。女性管理職が当たり前、それが普通の企業でした。そのような環境だったため、管理職になるハードルは低く、「勧めてもらえるならやってみても良いかな」という軽い気持ちで挑戦できたのです。

前職のトップに「どうして女性を管理職に登用していくのか」質問したことがあるのですが、答えは明確でした。

「女性は女性が管理するのが一番ええのや。男性は女性に泣かれたら何も言われへんけど、あんたらは『泣いても問題解決せえへん』って言えるやろ」

その通りでした。泣かれることで狼狽えることはありません。泣きやむのを待って、「で、どうするの」と訊くだけです。「女性は女性が管理するのがベスト」なのは、女性のことをよく理解しているので、無用な甘やかしも少ないからです。それができるのであれば、本来性別は関係ないように思います。

本当に女性の力を必要として、成長を支援していくつもりなら、性別関係なく管理職になっていることが普通である職場を少しずつ増やしていくことからはじめても良いのではないでしょうか。

## 女性の成長を阻害するパターナリズム

神戸大学の平野光俊教授は、２０１４年の日本労務学会で、「結婚や出産後は退職して家事・育児に専念することが女性にとっての幸せだ」という固定観念と、「出産を経て退職した女性は大変そうだから責任のある仕事はさせない」というパターナリズムが人事部と男性側にあると発表しました。その「優しさの勘違い」を反映した「両立支援」と「職域限定」によって女性のキャリアを停滞させてきたのではないかと仮説を立て、実証研究から、「優しさの勘違いをなくせ」とメッセージを出しました。

「優しさ」の勘違いは、女性の昇進効力感を制限し、女性の成長を阻害しているという考え方です。子育てとの両立だけでなく、昔から男性は女性への気遣いや優しさのつもりで、女性の成長を妨げてきたのではないでしょうか。

企業は出産・子育てをする女性に配慮しなければいけないと法律で定められており、「マタハラ」を恐れる上司が、「とにかく楽をさせること」を優先させてしまっている企業もあります。これは、マミートラックと言って、「仕事の負担は減るが出世コースからも外れる」という戦力外通告のような状況に悩んでいる女性も多くいます。

一方、女性の相談事例からは、ワーキングマザーへの気遣いばかりで、支えている周囲への配慮が欠けている実態も見えてきます。

時短で帰る女性社員の負担を被っている女性社員の本音です。

支えないといけないのはわかっているが、当たり前のようにその日中の仕事を残して帰られるのには閉口してしまう。上司はワーキングマザーが帰りやすいような配慮を求めてくるが、こちらには労いの言葉もない。それどころか、残業制限もあり、残業を見直すように注意までされると「やってられない」という気持ちになるのです。

つまり、出産した女性に対して配慮するだけではなく、一人ひとりのキャリアの方向性に合わせて、どのように全体で支援していくのかをきちんと話し合っていくことが求められるのです。

# キャリアと育児の両立

私は以前、公益財団法人21世紀職業財団で女性の再就職支援のアドバイザーとして、再就職を望む女性たちの相談に数多く対応してきました。

いったん退職してしまってから正社員として再就職するのは、とてもハードルが高く、保育所もなかなか見つからないのが実状です。よくお母さんたちから「就職したいけど就職活動するためには子どもを預けなければならなくて、子どもを預けようと思うと働いていないとなかなか預かってもらえなくて、いったいどっちが先なの」という嘆きをお聴きしました。あの当時と比べると、国の施策や企業の取り組みなど色々なサポートが充実したようにも思いますが、待機児童の問題など解決していないことはたくさんあります。

そのような現状はありますが、出産を節目として退職してしまうといった、早まった行動を取らないでください。産休・育休を取得してから、自分のキャリアをじっくり考えてみることをお勧めします。

先日、子どもを保育園に預けて働いていることに罪悪感を持っているお母さんに出会いました。「仕事のために保育所に預けて、子どもに犠牲を強いている」という罪悪感です。

この女性のお子さんは保育所に預けて半年後に病気になります。今はとても元気ですが、その出来事が自分を責める感情につながってしまいました。この女性のように今でも「3歳児神話」に苦しんでいるお母さんがいます。「3歳児神話」とは、子どもが3歳になるまでは母親が子育てに専念すべきであり、そうしないと成長に悪影響を及ぼすという考え方です。しかし、科学的根拠はありません。科学的に根拠がないことを実証するために、海外で大掛かりな実証研究が発表されたりもしています。「3歳児神話」のように母親を取り巻く「社会通念」は、働く母親を追いつめます。また、周囲(たとえば、祖父母世代)から責められたりもしているのです。

ある心理学の先生は、核家族化が進んでいる現在では、保育所に預けるのは異年齢の子どもと触れ合ういい機会になるので積極的に預けるべきだともおっしゃっていました。保育所に預けることに罪悪感など持つ必要はないのです。

育児と仕事で悩むお母さんへ力を与えてくれる本をご紹介します。6000人の調査と積年の研究から実態と本音に迫り、母性幻想からの解放を訴えている、大日向雅美氏の『子育てと出会うとき』です。

かなり古い本ではありますが、私は今でも女子学生に対して参考図書として紹介したり、カウンセリングで出会うワーキングマザーに紹介したりしています。内容的には今でも通用する部分が多いからです。裏を返せば、それだけお母さんの悩みは変わっていないということです。両立に悩んでいる方は是非読んでいただきたいと思います。

ちなみに大日向氏は、他の著書でも「母性愛の強調や3歳児神話は近代以降の社会的、政治的、経済的な要請に基づいてつくられたイデオロギーである」と主張しています。

## ロールモデルはパーツを集めて

女性がライフキャリアを考えるときに、ロールモデルが必要だといわれます。女性活躍推進に関わる中でも、ロールモデルがいないために、女性のキャリア開発が進まない、ともお聴きします。

しかし、ロールモデルというものに幻想を抱き過ぎていないでしょうか。ひとりで理想的な女性のモデルになるのは至難の業だと思います。そんな完璧な人間はいないのです。モデルをひとりに絞るのではなく、複数の、それも性別関係なく、社内外問わず、モデルにしたいパーツ（考え方や行動）を集めて、自分なりのロールモデルをつくってもいいのではないかと思います。

たとえば、「仕事の仕方はAさん」、「周囲への気遣いはBさん」、「プレゼンでの押しの強さはCさん」という風に、考えていくと面白いと思います。文字通り役割ごとにモデルを設定していくのです。

ロールモデルは成長していく過程で、具体的な行動や考え方の模範にしていく存在ですから、ひとりに絞る必要はありません。ロールモデルが整理できたら、現在の自分とのギャップから目標設定につなげていくこともできます。

もし、モデルとなる人がまったくいないと言うなら、あえて反面教師から学ぶこともできます。具体的な行動や考え方について目標を定めるのであれば、それも可能なのです。

## 自分を認めてもらいたいと思う存在を持つ

ロールモデルとは少し違うかもしれませんが、「この人に認められたい」と思う存在がいることは貴重です。

キャリアを築いていくためには人脈を拡げていくことが大事ですが、それは、外的なつながりのためだけではなく内的な心の充足のためでもあります。

私には、顔と名前を覚えてもらえないけど、いつか覚えてもらいたい、認めてもらいたいと願う女性がふたりいました。宮城まり子先生と渋谷武子先生です。おふたりとも物腰は柔らかいのに、鋭く本質を突いたお話しやコメントをなさる方です。こうした外的なものにも惹かれましたが、その外的な所作の内側にある、人や仕事、人生そのものに対する姿勢や価値観に、女性としてカウンセラーとして、「このようになりたい」と、影響を受けたのです。

おふたりともカウンセリングや心理学の世界ではとても人気のある方々で、「追っかけ」もいるくらいです。お忙しい日々の中で多くの人と接していらっしゃるため、私も最初は顔も名前も覚えてもらえませんでした。

しかし、学会の運営のお手伝いや講座のお手伝いに出向き、徐々に顔を覚えてもらえるようになりました。真摯に自分の役割に向き合ったことで、遠い存在だった先生たちと一緒に講座を企画したり、運営したりできるようになりました。

憧れの人との接点が生まれたことで、私という存在が認められたように感じましたし、自分の成長を実感することもできました。何より、心の距離が近くなったことがうれしく、充足感がありました。

これは、自己肯定感を高め、自律的にキャリアを描くために必要な要素になるでしょう。
どんなに遠い存在の人であっても、あなたが憧れているということは、あなたの中に憧れの人と同じ何かがあるということです。そこを磨いていきましょう。憧れの人に認めてもらえる自分、いつかお会いしたときにしっかりお話できる自分を思い描いてみてはいかがでしょうか。

## ブランクはプラスに捉える

再就職支援のキャリアアドバイザーをしていたときには、いったん結婚や出産、夫の転勤などで離職して、時間的な余裕が出てきたので、再度働きたいという相談が多くありました。そしてその多くの方は、仕事をしていなかった期間を「ブランク」とマイナスな意味で捉えていました。「ブランク」と言われている期間をどのように過ごされていたかは、人それぞれです。

Sさんも10数年ブランクがありました。そのブランクの間、育児や家事以外にも何かされていたのかをお聴きすると、「内職はしていた」と答えてくださいました。内職を具体的に聴いていくと、通信教育で論文添削やエントリーシートの添削をされていたのです。そして、エントリーシートの添削についてさらに詳しく聴いていくと、「最初は自己PRもまともに書けていなかった学生さんが、だんだん自分の良いところを表現できるように成長していくのをサポートできて、とても楽しい」と。まさにキャリア支援の一部を担っておられたのです。当時はまだキャリアコンサルタントの認知が低く、ご存知なかっただけでした。そこで、キャリアコンサルタントの仕事内容や資格、養成機関などの情報提供をしました。

今後のキャリアの方向性の中で、ひとつの選択肢として若い人のキャリア支援をしていくことを考えていただくことになりました。ブランクと思われていた期間におこなっていた内職は、キャリア支援という目標につながる経験となったのです。最後に私がSさんにお伝えしたのは、「ブランクがなくなりましたね」ということでした。

驚いたことに昨年私の講座に、Sさんが参加してくださり、10年ぶりに再会しました。Sさんから「今キャリアコンサルタントとして頑張っています」とお聴きしたときは、本当にこの仕事をしていて良かったと感激しました。

仕事をしていなかった期間を「ブランク」とマイナスに捉えてしまうのではなく、その期間をどのように過ごして、どのような力が身についたのかを考えてみることが大切です。最初からは無理でも、子育てにも慣れてきた段階で、今の時間を使って子育てをしながらでもできることからやってみて、その経験をきちんと積み重ねていけば良いのです。情報収集でもいいですし、Sさんのように通信教育などのお仕事でも良いと思います。子育てしながら在宅でおこなえる、裁量のある仕事を探してみてはいかがでしょうか。将来を考えて、計画的に育児期を捉えていくことで、ブランクというマイナスな捉え方を変えていって欲しいと思います。

## 経験の「点」を「線」につなげる

時系列で起こった出来事や経験を整理していくと、それぞれの小さな出来事である「点」が「線」になってつながっていくように感じられます。

そのときは、無駄に思えることや意味がないように感じることも、時間が経って振り返ることで、つながりが見えてきてこれからのことを考えるヒントになります。また、振り返ることで、自分の成長が確認できるのも大切なことです。楽しい経験もつらい経験も、自分を成長させるために必要な経験だったと捉えることができれば、将来のことも前向きに関心が持てるようになります。

振り返るときに、その時々でモチベーションはどのように変化したか、そこに共通項はあるのかを整理してみることが大切です。ある方はこの整理で、上司が変わるたびにモチベーションが変化していたことに気づかれました。また、時系列に整理することで、節目が見えてくるかもしれません。節目で何を選び、何を選ばなかったかを整理することができます。このような整理をすることで、自分の「内的キャリア」が明確になるのです。

たとえば私の場合、次のような出来事が「点」となります。

・最初受けた企業に不採用になる

・「手に職を」と考え「丸栄計算センター」に就職する
・母が子宮癌で亡くなる
・職場で問題児のレッテルを貼られる
・福岡へ長期出張に行く

これらの「点」がすべて「線」となってつながり、23歳で管理職になる布石となったように感じます。

良い出来事もあれば、悪い出来事もありますが、それは将来にとって何らかの意味のある出来事としてつながっていく。このように考えるようになってから、何か思うようにいかないときも「きっと、何か意味があるのだ」と考えるようになりました。

たとえば、「タイミングが早すぎる」とか、「少し自意識過剰になっているから謙虚になるべきだ」とか、何か意味があって「今は」思ったようにいかないだけなのです。だから無理に推し進めるのではなく、焦らず足跡を振り返ってみる時間を持ってみましょう。そうすると、長い人生の中で何をそんなに焦っていたのかと気づけることが多くあります。

みなさんも、思うようにことが運ばないときほど、ひと呼吸ついて自分の経験を振り返ってみてください。頑張ってきた自分や成長した自分が見えてくるでしょう。そして、たまには自分を褒めてあげることで、また明日から頑張れるのです。

## 経験を語る効果

自分の経験を肯定的に振り返ることは主体的なキャリア形成のためにとても大切です。ここで、「キャリア・アダプタビリティ」が重要になります。アダプタビリティとは適応できる、順応できるという意味です。

キャリアを主体的に切り拓いていくためには、変化する役割に直面したときに、その変化を受け入れて、適応できる能力が必要です。

マーク・L・サビカスは、適応力を高めるために大切なのは、「自分の将来に対して関心（Concern）を持つ」「将来についてのコントロール（Control）を強める」「自己の可能性を探求する好奇心（Curiosity）を持つ」「自分の実現性に自信（Confidence）を強める」ことだとしています。

４つ目の「自分の実現性に自信を強める」は、今までの経験を肯定的に捉えることからはじまります。そのためには、今までの人生をカウンセラーなどの専門家に語ることが有効です。人に話をすることで、客観的に自分の経験と向き合えますし、忘れていたことなども思い出せます。キャリアカウンセラーなど専門家は肯定的に捉え直せるように支援してくれるでしょう。

最近、キャリアカウンセリングの中でナラティブアプローチが注目されています。ナラティブとは物語、ストーリーという意味で「自己の経験を秩序立てて意味を与えていく、ひとつの有効な手段」とされています。サビカスも「過去を解釈することは未来を適切にデザインすることを可能にする」としています。過去の経験を現在の自分が新たに「語り直す」ことで、そこに新たな意味づけができる、と。

カウンセリングでも「昔は思い出したくもないと思っていたが、あの経験があったから今の私がいるのだと思えるようになった」と言われる方が多いものです。他人と過去は変えられないといいます。しかし、今の自分を肯定的に捉えることができていれば、過去の事実は変わらなくとも、意味づけは変えられるのです。

## 自己効力感を高める

また、経験を整理して他者に語ることで、頑張ってきたこと、自分では当たり前だと思っていたことを承認してもらえます。そうして、より自己効力感が高まっていきます。自己効力感とは、自分がやろうと思っていることが、できそうだという肯定的な気持ちになることです。

たとえば、何らかの課題に直面した際、こうすればうまくいくはずだという期待に対して、自分はそれが実行できるという自信を指します。自己効力感は行動の選択や努力に影響を及ぼします。

職業柄色々な方の経験をお聴きすることがありますが、みなさん本当に頑張ってきているなと感心させられます。でもそのことに気づいている人は本当に少ないのが現状です。

特に女性は補助的な仕事や裏方の仕事に就くことが多かったりすると、自己効力感が育ちにくいのです。さらに日本社会では、やって当たり前、出来て当たり前で、承認するどころか、仕事の動機づけも結果のフィードバックもされていない職場が多いことが残念です。そのため、自分のことを過小評価している人が多いように感じます。だからこそ、カウンセラーは相談者の人生を、経験を、時間を掛けて傾聴・承認する役割だといえるでしょう。

# 第4章
# 独立するか否かで悩んでいる方へ

# 自分をコントロールする力

この章では、今後のキャリア形成でフリーランスや独立を視野に入れて検討されている方にお伝えしていきます。

フリーランスになるということは、自らが「提供する商品」そのものであり、肩書ではなく本当に自らが必要とされなければ、やっていけないということです。

そのためには自分への投資も必要ですし、健康やスケジュールなど自己管理が必要になります。フリーランスとしてやっていくためには、「諦めないこと」、「ブレないこと」、「自己管理ができること」が必須になっていくのです。

組織にいれば、管理してくれていますし、何か問題が起これば仲間がフォローしてくれます。しかし、フリーとなれば、何か問題が起きたとき、仕事に穴を空けることにもなり、信頼を失います。フリーとしての信頼を得るのはとても時間がかかりますが、失うのは一瞬です。

今の仕事に違和感や、職場での息苦しさなど様々な問題に直面したときに、閉塞感からフリーで仕事をすることを考える人もいると思いますが、自己管理ができるかどうかをよく考えてみる必要があります。

そして、やはり独立したい、フリーランスになりたいと決心されるようでしたら、組織から離れるとどのようなことが変わるのか、ということを事前に情報収集しておきましょう。フリーランスでやっている数人の人に収入が安定するまでの過程を教えてもらうのです。そしてできれば、組織にいる間から種まきと人脈形成をはじめておくことです。

## 準備期間を設定して種をまく

具体的に独立やフリーランスを目指すときは、組織にいる間に準備期間を設定することをお勧めします。組織にいるときでないと、できないことはたくさんあります。そのメリットを最大限に活用しましょう。

極端な表現ですが、あまり聞いたこともないような企業の社長の名刺より、知名度のある企業の平社員の名刺の方が反応してもらえるのです。名刺があるうちに社外へ出ていき、人脈をつくっておくことはとても大切です。

また、どのような分野でフリーランスとしてやっていくかにもよりますが、勤めている企業から請負契約で仕事をもらうとか、ある程度の収入が得られる目処を立てておくようにしなければなりません。なぜなら、頑張って種をまいたとしてもそんなに簡単に芽は出ないからです。

フリーランスとして、キャリアを積み上げていく方法にはどのようなものがあるのか、事前にやっていた方が良いと思うことなど、事例を踏まえながらご紹介をしていきます。今後のプランを考えていくうえで、何かヒントになることがあればと思います。

## 私が独立したときの種まき

私も独立してから3年ほどは不安定な日々が続きました。

アロマセラピーのサロンとカウンセリングルームを兼ねていたので、なんとか利益は出せていましたが、売り上げは当初の見通しの半分以下。サロンのお客様のほとんどはアロマセラピーが目的で、カウンセリングを受けにくる人はほんの一握りでした。

考えてみれば当然のことです。ただでさえ「カウンセリングを受ける」ということは敷居の高い行為なのに、資格取りたての若葉マークのカウンセラーに相談しようとは思わないでしょう。

「独立は時期尚早だったのかも」というネガティブな気持ちが押し寄せてきました。

上位資格を取ろうと思ったら、実務経験が必要と言われるし、経験を積もうと思ったら資格が必要と言われるし。どっちが先なのと投げ出したくなることもしばしばありました。

それでも、とにかく思いつくまま種をまいていきました。人脈づくりとして、色々な交流会に出席して名刺を配りました。また、『ダメな上司は耳で聞く』という著書を2003年に出版し、営業をしていく際の名刺代わりにしていきました。

ストレスケアサロンの営業活動としては、企業に福利厚生として取り入れてもらう提案をおこない、雑誌などに無料広告として原稿を送り続けました。

カウンセラーとしての実績づくりとしては、ＥＡＰ企業で週１回程度働いたり、「一般社団法人日本産業カウンセラー協会」（JAICO）で登録して、仕事を紹介してもらいました。また、JAICO東京支部の活動に参加して、キャリアコンサルタント育成に関わりました。それらのことと同時に、自己研鑽も怠らず資格取得していったのです。

さらには新たなリソースづくりとして、メンタリングの勉強をして、企業での導入実績をつくっていきました。

この他にも、思いつくかぎり色々な種をまいていきました。直接的には芽が出なかったものも、きっと自分の基礎力になっていると思います。

種をまいたら、芽が出たときを見逃さないことも大切です。たくさんまいて、きちんと芽を育てていく、そこでできた縁をつないでいくことで、少し時間はかかるかもしれませんが、肩書がなくても自分の存在価値をつくっていけるのです。

## 準備期間は「ドリフト（漂流）」も必要

準備期間が短く見切りスタートをしてしまうと、種まきから芽を育てていくまでの間がとても不安になります。準備期間はドリフトする（流される）ことも、楽しめるくらいの心の余裕も大切です。

ドリフトとは「漂流する」という意味で、神戸大学大学院の金井壽宏教授が提唱している考え方です。自分のキャリアについて大きな方向づけさえできていれば、節目と節目の間は偶然の出会いや予期せぬ出来事を柔軟に受け止めるために、あえて状況に流されてみることも必要だという考え方です。

心構えとしては「将来のことなどわからなくて当たり前で、不確定だからこそ面白いのだ」と捉えていくことが大切です。

一度きりの人生なのですから、思い切って一歩を踏み出して、中年期以降を自分らしいキャリア（人生）にしていっても良いのではないでしょうか。一生涯安定したキャリアを描くことが難しい時代には、その不確実さも肯定的に捉えて、現実をあるがままに受け止めることが大切です。

これはまさにジェラットの「積極的不確実性理論」です。不確実な時代だからこそ、自由に積極的にキャリアを築いていくことが大事なのです。

そのための具体策は次の通りです。

- **先のことはわからない前提で意思決定する**
- **やりたいことや目標は仮説として持ち、目標に縛られない**
- **固定観念に捉われない**
- **願望を込めかつ現実的に信じる**
- **常に学び直す気持ちを持つ**
- **将来を予測し準備する**

将来は今、ここには存在しておらず、予測できるものではないので、不確実なものを前向きに捉えて、迷ったら一歩を踏み出せばいいのです。

## 種まきから3年経って芽が出はじめる

種まきをして、すぐに芽が出ないと嘆いていた自分は、本当に愚かだったと思います。独立後の3年間はドリフトしていましたし、転機におけるニュートラル・ゾーンからまだ抜け出せていなかったのです。

確かに、人生思ったように、計画したようには進みません。でも、流されてみるくらいの心の余裕があったほうが、より豊かになるように感じます。

私も、芽が出るまでには、水をやり栄養を与え、育てる時間が大切だったと今なら気づくことができます。

たとえば、公益財団法人21世紀職業財団の再就職アドバイザーの仕事に就いたことは、キャリアカウンセラーとしての出発点になりました。JAICOの方から突然携帯に電話がかかってきて、「やってみる気はあるか」と問われたとき、一瞬ほかの仕事のことなどが気にかかり迷ったのですが、「チャンスの神様には後ろ髪はない」と思い、

「やります」と答えていました。前髪をうまく掴むことができて良かったと思います。

そして3年間再就職アドバイザーとして実績を積むことができただけでなく、数年後、同財団から客員講師としてお仕事をいただくようになるのです。これは、再就職アドバイザーの仕事していたことと、メンタリングに関する実績をつくっていたことのふたつの種が一緒に実った結果です。

不思議なもので、種まきから本当に3年くらいたったころから少しずつ芽が出はじめていきました。

前の職場の後輩が転職をして、コールセンターのカウンセリングの仕事を紹介してくれたり、JAICOのキャリアコンサルタント養成のトレーナーの仕事が決まったりしていきました。一生懸命名刺配りをして無理やりつなげた縁よりも、前職の後輩や自己啓発の場から間接的につなげてもらった縁の方が自分のキャリアに大きな影響を与えていました。多分それは、私という人間をわかったうえでつなげてくださった縁だからだと思います。

だからこそ、やっとつなげてもらった縁を大切にすることがとても大事です。

私は少なくとも3回はリピートしてもらえることを目標に対応しました。3年連続で声をかけてもらえたら、確かに評価してもらえたと実感でき、縁をいただいた方の顔も立てられると思ったからです。こうしてひとつずつ、一段ずつ、確実に実績を積み重ねていきました。もちろん思うようにいかないときもあります。でも、そんなときは「何か意味がある」と捉えて再挑戦すべきことなのか、少し時期を置くべきことなのか、きちんと振り返ることをしていきました。

我々カウンセラーは、よく振り返りをします。改めて振り返ることで見えてくることが多々あるからです。振り返ることで客観的な視点で整理することができて、次の打ち手も見えてくることがあるのです。

## フリーランスの事例

カウンセラー仲間であるMさんの事例です（守秘義務があるため多少脚色しています）。

私は彼女がフリーランスとして実績を積んでいく数年間のプロセスをサポートしてきました。彼女は、私が知り合ったころは企業の専任保健師として働いていました。従業員の健康を支援していく中で、カウンセリングやメンタルヘルス対策の必要性を感じて、カウンセリングを学びはじめました。一緒に学んだ数年後に、Mさんから突然携帯に電話がありました。どうしたのかと思ったら、「上司とうまくいかず退職してきた。フリーランスでやっていきたいから相談にのって欲しい」とのことでした。

退職で迷っているのではなく、既に辞めてしまったと聴いたときは、辞める前に相談して欲しかった——と思いました。私も人のことは言えませんが、勢いで辞めてしまうのは女性に多いのです。転機の理論で言えば、何かが終わったという「終焉」をしっかり意識して受け止めないままだと、その後のニュートラル・ゾーンで悩み苦しむことが多くなるように感じます。

ここから、Mさんのフリーランスとして独立に向けたキャリアコンサルティングがスタートしました。

まず、状況把握です。今までの実績、会社や上司との関係、周囲との関係を確認していきました。Mさんはこの企業の中で「メンタルヘルス推進体制をつくり上げてきたのは自分だ」という自負がありました。実際何もない段階から少しずつ体制をつくってきたのです。ここでの実績は後々Mさんを支える土台になりました。

一緒にこの経験を振り返る中で気づいたのは、Mさんはこの企業での経験に自負を持っている反面、自己肯定感は低く、自分を過小評価していました。そのため、経験を丁寧にお聴きする過程でひとつずつ承認していくことで自己肯定感を高めていきました。Mさんは現場重視でやってきたために、どちらかというと組織側よりも個人側の視点であったことが、上司とうまくかみ合わなくなっていった要因のようでした。しかし、Mさんの強みは産業医の先生に認めてもらっていたことでした。産業医の先生は、Mさんが辞めても請負契約で月に数日勤務するように勧めてくださっていました。さらに会社にも働きかけてくれていたのです。

次に、Mさん自身がどうしたいのか、じっくり時間をかけて気持ちを整理していきました。詳細は割愛しますが、この時間がとても大切だったように思います。様々な葛藤や後悔を持ちながら、それでも前を向いて進んでいったMさんは立派でした。長いニュートラル・ゾーンでは自分の気持ちを吐き出しながら安心できる時間を持つことで、前向きな気持ちや希望する結果をたぐり寄せていったのです。

Mさんはカウンセリングだけでなく、メンタルヘルスの知識を活用して、研修の仕事もしていきたいと考えていました。この課題に対しては、ベースとなる収入確保（前職での請負契約締結）をしながら、講師の仕事を発注してくれるところを探していきました。

JAICOの認定講師に応募することや、EAP企業を一緒に調べて応募してみるアクションプランを立てました。その結果、前職での実績とMさんの実力が認められてJAICOでも、EAPでも講師の仕事を依頼されるようになっていきました。その後、Mさんは集大成として、ある企業の教材テキストを監修・執筆するのです。

退職を決意するのは早すぎたように思いますが、組織内キャリアで十分な実績を残していたことが、フリーランスとしての成功につながった事例です。

## リソースをつくる

フリーランスとしてやっていくためには、実践的に組織に貢献できる「うり」をつくっていくことが大切です。過去に築いてきた経験から得たものを「うり」にする場合が多いと思います。しかし、今までの経験だけで顧客となる組織に十分貢献できるのか、冷静に考えてみる必要があります。それまでは組織の中で守られてきたため、利害関係のない組織に必要とされるかどうか、その辺のアンテナが鈍感になりがちです。フリーランスとしての自分の市場価値について、営業の人や人事の知人などに忌憚のない意見を聴くなどして、情報収集をすることも必要です。そして、自分の今まで身につけてきた事にプラスして、自分の「うり」を新たにつくるくらいの覚悟を持って欲しいと思います。

私はふたつの「うり」をつくることに挑戦しました。

ひとつは女性のキャリア支援や女性活躍支援に関わることです。これは、私自身が女性管理職として20年間経験してきた実績を生かせることです。私はどちらかというとエリートではなく、現場からのたたき上げであることが、「身近な存在」として感じてもらえたので、共感性を高めていくことを「うり」にしました。

そしてもうひとつの「うり」として、かねてより興味のあったメンタリングについて学び、メンタリング導入実績をつくって、リソースにしていきたいと考えました。

メンタリングとは、成熟した先輩（メンター）と後輩（メンティ）が、基本的に1対1で継続的・定期的に交流する人材育成の仕組みです。

メンティにとってメンターは、利害関係のない斜め上の存在であることが望ましいとされています。対人関係の専門家でない普通の「素人」が支援することで、お互いに信頼関係を構築していきます。メンターは、メンティに適切な役割モデルを提示し、メンティのキャリア発達や心理・社会的な支援をしていきます。

私は、前職でメンタリングを導入した経験があり、途中で形骸化させてしまったという後悔が残っていたのです。先行文献から勉強して、外部のセミナーを受けにいき、ある企業に研究目的でデータをとらせていただく代わりに、無償でトライアルプログラムの導入を提案しました。このメンタリングプログラム導入によって評価をいただけたため、次年度からは有償での契約をいただきました。この企業で実績を積ませていただいたことが、その後のメンタリングに関する仕事の拡がりを生みました。

## 種まきが芽となり実を結ぶ

トライアルプログラムを導入させていただいた企業とは、当初、不思議な縁でつながりました。ある中堅の製造業で新卒採用に技術系の冊子を作成されていました。冊子といっても技術系の論文で構成されており、かなり立派なものです。そこに人材育成というテーマで、小論文を書いて欲しいと依頼があったのです。何のつながりもない企業が私に依頼してくださったのは、担当者の女性が私の著書を読んで、共感していただいたからでした。驚きましたが、とてもうれしく感じました。ここでも、まいた種が実を結んだのです。

メンタリングを導入する組織は多岐にわたります。企業、公共団体、大学等様々であり、目的によって対象は変わりますが、人材育成の施策としてメンタリングの仕組みを取り入れるところは増えてきています。

もうひとつの「うり」である女性活躍支援でもメンタリングのニーズがあり、お仕事をいただくことが多くあります。私の転機の課題は「肩書をなくした状態で、自分が外の世界で通用するか」でしたから、必要なリソースを自分でつくり出すことにも積極的に挑戦しました。

先日も、別の依頼で「メンタリング」に関する原稿を執筆しました。フリーランスを目指す方は、文章を通して何か伝えていくこともできると思います。様々なところでの執筆が何かの縁でつながっていくのです。

今、必要かだけでなく、将来必要になる可能性を考えて、今、目の前にあるものを自分のリソースにしていくことも大切です。アウトプットをしていく仕事であるからこそ、インプットをすることが大切で、自己研鑽を怠らないこと、学び続けることには終わりがないのです。「Will」から「Can」をつくっていき、リソースを増やしていくこと、それが「Must」を引き寄せていきます。待っているだけでは、やりたい仕事や、やりがいのある仕事は手に入らないもの。自分のリソースをつくり出すくらいの覚悟を持って、フリーランスに挑戦していくことが必要なのです。

## 自己イメージと他者イメージ

キャリアを考えていくうえで大事なのは自己理解です。

自分のことは自分が一番よくわかっていると思っている人が多いのですが、案外気づいていないことはたくさんあるのです。フリーランスになるなら、なおさら自己理解を深めていく必要があります。

心理学でよく使われる「ジョハリの窓」という自己分析のフレームワークでは、自分が知っている自分、他人が知っている自分を4つの窓に分類して理解していきます。自分が理解している自分と他者から見られている自分とのズレに気づき、それを受け入れることで自己理解を深めていくのです。

私の場合、若いころから管理職をしていたため、常に虚勢を張ることが無意識に身についていました。緊張すればするほど、傍からは堂々としているように見えるらしいのです。

このことに気づいたのは、フリーになり、肩書がなくなり、講師としては自分しか頼るものがなくなったときです。評価してもらえる講師になるためのトレーニングを受講しました。そのトレーニングの主催者は親しみやすい印象が「うり」の講師で、私とは対極の講師だったのです。

自分にないものを何とか身につけようとあがきましたが、無理に親しみやすさを出そうとすればするほど、緊張して顔がこわばってしまいます。トレーニング中に「堂々としているが威圧的」という印象を指摘され、自己イメージとのギャップに戸惑い悩みました。

模索しながらたどり着いたのは、「親しみやすい印象はないけれど、信頼できる講師」という他者からのイメージでした。この他者から見た自分を受け入れることができたとき、少し肩の力が抜け、自分らしさを出せるようになりました。

「自分らしさとは何か」、今の自分を認めることができたとき、はじめて自由になれたように感じます。今では、その自分の弱みさえも、セルフケアの説明に活用しています。自分をオープンに語ることで受講者の方に身近に感じてもらうことができるようになりました。

## カウンセラーという選択肢

カウンセラーという仕事はこの十年くらいでかなり知名度を上げたように思います。カウンセラーといっても、様々な種類があります。

産業カウンセラー、スクールカウンセラー、キャリアカウンセラー、臨床心理士、認定心理士などがあります。それぞれの資格に応じて専門学校もしくは大学や大学院で学び資格を取得していきます。

人の悩みに寄り添い相談に対応していくというカウンセラーを目指す人が増えてきたのは、人の役に立っている実感が得られる職業であることと、中高年からでもチャレンジできる職業だからなのかもしれません。

ただし、中高年からチャレンジするなら、頭を柔らかくする、価値観を変えていく決心が必要になるでしょう。カウンセラーを目指すのであれば、心理面に影響を与えるキャリアについての知識も持って、メンタルとキャリアを統合的にアプローチできるように自己研鑽していかなければなりません。

私も組織から離れて今の道を選択するまでは、「何ができるのか？」、「何がやりたいのか？」と、自分自身の気持ち、周囲に与える影響など自問自答する日々が続きました。

退職するときの私の去就は良い意味でも悪い意味でも、社員に大きな影響を与えることが想像できました。生え抜き社員の代表である私が夢を叶えるために、新たな道を選んだという形が必要だという結論に行きつきました。

カウンセラーという仕事は、周囲からは畑違いと思われたようでしたが、組織内キャリアの後半には、人事の仕事に関わっていたことや、コールセンターの人材育成を担当していたことから、メンタルヘルスの必要性を感じるようになっていました。

また、後輩や部下の面談をしていく中で、相手のモチベーションを高めつつ、人の可能性を拡げていきたいと考えるようになっていました。その目標に向かって、産業カウンセラーとして、アロマセラピストとしての一歩を踏み出すために、学校を探すことからはじめたのです。

## 大学でのキャリア支援

キャリアカウンセラーが活躍する領域は大きく分けると、学校教育領域、企業領域、需給調整領域といわれています。その中で、若い人の支援をしたいと考えるカウンセラーは多く、「大学でキャリア教育に携わりたい」、「キャリアセンターで働きたい」という相談をよく受けます。キャリアセンターなどでキャリア支援に関わりたい人には、大学のホームページを定期的にチェックすることを勧めています。大学によって異なりますが、ホームページの一番下に小さく「採用情報」とあれば、そこに職員募集案内や教員募集案内などが掲載されています。

また、JST科学技術振興機構のキャリア支援ポータルサイトの求人公募情報検索で、様々な大学での講師や准教授の募集情報を得ることができます。またキャリアコンサルティング技能士資格を取得して、技能士会に入ると「仕事情報」をメールマガジンで受け取ることもできます。あとはツテです。どなたかに紹介してもらうことが一番確実です。そのためにも、人脈をつくっていくことがとても大切だと思います。

その人脈はどうやってつくるのかというと、学会などに入り大学でのキャリア教育に関わる研究や研修に参加して、学ぶ中で人脈を拡げていきます。ただし、ちょっと関わっただけで簡単にできる人脈はありません。時間や努力、お金など自己投資が必要になってきます。さらにキャリアセンターでの雇用は有期であり、キャリア教育の講師も多くが非常勤で安定はしていません。その経験をどう次につなげていくのかを考えていくことも必要です。

## 資格に挑戦しよう

フリーで仕事をしていくのであれば、やはり資格は必要です。資格は端的にその人のレベルを表してくれるからです。

しかし、資格だけでは、はかりきれないものがあるのも事実です。だからこそ、資格を取って終わりではなく常に自己研鑽をして欲しいと思います。

資格に挑戦していくときに考えなくてはいけないのは、将来どの領域でどんな人たちの支援をしていきたいかです。その方向性によって、必要となる知識や資格は異なります。ただ資格さえ取れば何とかなるというのではなく、少しずつ方向性を絞っていくことも忘れないようにしてください。

カウンセリングの勉強をはじめたころ、教えてくださる講師の肩書きにたくさんの資格が書かれているのを見て、「そんなに資格が大事なのかなー」と失礼なことを考えていました。何の肩書きもなく後ろ盾もない中で自分を証明するものとして、資格が必要になってくることさえわかっていない、井の中の蛙でした。

私の場合、独立を決心したあと、産業カウンセラーの資格を取ることと、アロマセラピーの資格を取ることからはじめました。産業カウンセラーの養成講座ではよく叱られました。傾聴ということで、まず相手の話を聴くことを訓練するのですが、企業内で問題解決ばかりしてきたため、すぐ解答を出そうとしてしまい「それはあなたの価値観で、相談者のものではない」と注意を受けてしまいます。

正直、面倒なものだなと感じていて、自分には合わないのではと諦めかけていました。そんなとき、受講時間確保のために出席した補講で、うつ病を発症している受講者とライブのカウンセリング演習をすることになったのです。彼は、今まで講座の中でも自分がうつ病にかかったことについて誰にも話してこなかったのに、その演習ではじめて、その経緯とつらい気持ちを話してくれました。

そして、彼は「私はカウンセラーを目指しているくせに、人に話したってどうにもならないと思っていた。でも、不思議と今気持ちが軽くなっている」と言ってくれました。もちろん、私は拙い聴き方しかできていなかったと思いますが、それでも話して楽になったと言ってくれたことに感動して、こんな私でも人の役に立つことができると実感が持てました。そしてやっぱりカウンセラーになるのだと気持ちを新たにしたのです。

その後、標準レベルのキャリアコンサルタント資格を取得します。これが今でいう国家資格に当たるものです。この資格を取得したことをきっかけにJAICO内のキャリアコンサルタントを養成するトレーナーになっていきます。このときにも、私を導いてくれた河野裕子先生の存在がありました。資格が先か、経験が先かで投げやりになりかけていたときに電話をくださり、「トレーナーに推薦しておくから頑張りなさい」と励ましてくれました。このような綱渡り状態でしたが、足を踏み外しそうになると不思議と誰かが助けてくれる。そんな経験の連続だったように思います。

次のステップとしてシニア産業カウンセラーを目指しました。その中でも逐語の勉強はとても大変でしたが、カウンセリングのプロセスを客観的に見る癖をつけることができました。また、同時に心理学やカウンセリングの色々な理論やアプローチを学びました。そのころ学んだことが、今、相談者を支援するときの土台になっています。

その後、2009年に2級キャリアコンサルティング技能士とメンタルヘルスマネジメントI種を取得して、2013年に1級キャリアコンサルティング技能士を取得していきます。より上位資格へと挑戦していったのです。

## 資格取得後も愚直な学びを重ねる

44歳で入学した法政大学の学部4年生となり、ゼミの指導教授である桐村先生から筑波大学の大学院を目指してみたらと勧めていただきました。振り返ると、この時期が一番勉強をしたときだったように思います。

この受験で「感情労働」という概念を知り、後の私の研究テーマになっていきます。対人サービス業を中心に感情労働が求められる職業の特徴は、対面あるいは声による顧客との接触が不可欠であり、研修や管理体制を通じて感情活動をある程度支配されているのです。

前職で、コールセンターで働く社員のストレスを経営層にわかってもらえず、悩んだ経験があったため、「感情労働」という概念は、私にとってとても重要な意味をもたらしてくれました。結局、筑波大学は面接試験でご縁をいただくことはできませんでしたが、学科試験に合格したことが自信につながりました。

もともと大学院まで進むつもりはなかったのですが、筑波を落ちたままで終わるのが嫌で、どこの大学院にいこうかと考えるようになりました。自分でつくづく負けず嫌いだなと思います。修士課程に進む際は、臨床心理士への受験資格を得られる大学院を目指すのか、そうではない大学院へ進むのか、選択肢が大きく分かれます。どこを受験するか迷っていたとき、主人から「大学院を出てからどうしたいの」と問われ、改めて大学院への進学はその後の進む方向性によって変わることに気づきました。

選択で迷ったら、将来「どうなりたいのか」、「そのために何が必要か」を考え、自己決定していきましょう。

私はやはり働く人の可能性を拡げていく支援をしていきたい、心身共に健康で楽しく働ける職場環境をつくる支援をしたいのだと考え、法政大学経営学部の大学院修士課程キャリアデザイン学専攻に進学します。ここで、素晴らしい先生方から多くのことを学ばせてもらいました。

資格を取得していくことだけでなく、大事なのはそのプロセスの中で、愚直に勉強を積み重ねていくことです。その学びが自分を育てていく肥やしになっていきます。試験前に暗記したことはすぐに忘れてしまいますが、仲間と共に学んだことは確実に自分の中に取り込まれていくのです。

## 10年真摯に向き合えばプロになれる

青色発光ダイオードの開発でノーベル物理学賞をとられた赤崎勇先生の言葉で「たとえ自分は凡人だとしても、10年ぶれないで続ければ、その道のプロになれる」というものがあります。

カウンセリングにも近いものがあると思います。何をもってプロというのかが難しいところではありますが、信頼されてお仕事を依頼してもらえるようになるには、結局10年くらいは必要なのだと思います。

私も2001年にカウンセラーの資格を取り、気づけば16年も経っていました。常に自分に溺れず、自己研鑽を忘れない。そのことを自分に課してきました。これで完璧というカウンセリングはありません。真摯に仕事に向き合ってきて、気づけば必死に名刺を配らなくても何とかお仕事をいただけるところまで来ることができました。

遠回りをしたかもしれませんが、試行錯誤したことが、結局は「血になり肉になっている」のです。

認めてもらい必要とされること、それが私の新たな存在意義であり、納得できる人生に必要な内的キャリアなのです。そして、キャリアビジョンとしては次世代を育てる、人の可能性を拡げることにつながっています。

私は、現在は主にメンタルヘルスの研修やキャリア講座の講師の仕事をしていますが、スケジュールが合う限り、電話相談、メール相談を続けています。それは現場感覚がズレないようにするためです。

実際に悩んで相談をしてくる人たちと関わることが、私の講座に生かされています。参加された方によく言われるのは、「事例などを織り交ぜて話してくれるのでわかりやすい」ということです。

常に自己研鑽を怠らず、機会があれば学ぶ姿勢を持つことは大事です。たとえば、キャリアの課題などは、ドキュメンタリーやドラマなどを見ていても、「あーこういうことで、当事者は悩むのだな」と理解に役立つことがあります。私の仕事は働く人の支援であり、その課題や悩みは日常の中にあるのですから、日々様々なことに好奇心を持って、色々な角度から物事を見る目が大事だと心がけています。

# 第5章

# 不可抗力な転機で悩んでいる方へ

## 不可抗力な転機とは

「不可抗力」とは、人間の力ではどうにも逆らうことができない力や事態のことです。不可抗力な転機とはどのようなものがあるでしょうか。

地震や台風、洪水、津波、噴火などの自然災害がもたらした環境変化による転機が思い浮かぶでしょう。他にも、事故や病気、倒産、リストラなど自分の力ではどうにもならなかったと感じる突然の環境変化も加わってくるでしょう。

その中でも、病気や事故による転機というのは、その変化の受け止め方によって大きく差が出てくるように思います。

自分が思い描いていた未来が、突然別の力によって大きく変えられてしまうことへの憤り、自己決定していない選択を押し付けられる理不尽さに、無力感に覆われてしまうかもしれません。突然病にかかってしまい「どうして自分が、こんな目に遭わなければならないのか」と自分の運命を呪いたくなる人もいるでしょう。

カウンセリングをしていると原因がわからない、治療法も確立されていない難病や、がんなどの病気にかかりキャリアの方向転換を余儀なくされるケースにも遭遇します。その多くは、思い描いていたキャリアが大きく狂ったにもかかわらず、多額の治療費のためには働かなければならず、治療と仕事の両立が新たな課題として降りかかる、といったケースでした。

この章では、不可抗力な転機の中で、病気によって将来が大きく変わってしまったと感じている方へお伝えしていきます。

医学の進歩により、たとえば、がんは長くつき合う慢性病となりつつあります。入院日数も飛躍的に短縮されて、病気が完治してからの復職ではなく、治療しながら働くことが当たり前の時代なのです。

当たり前とはいえ、簡単ではありません。病気への不安を抱えながら働いていくことは、かなりストレスの高い状況であると推測できます。周囲への気遣いや思うようにできないことへの苛立ちもあるでしょう。それでも、病は「気」からというように、病気に立ち向かうときのストレスは、できる限り軽減しなければなりません。

みなさんもご存知のように、がんの発症は免疫力と深い関係があるといわれています。しかし、ストレスや不規則な生活が続くと、免疫細胞が活性化されなくなり、がん細胞の増殖を抑える力が衰えてしまいます。治療と仕事の両立をしていくためには、ストレスを軽減するような捉え方をしていくことが大切なのです。

私自身が、がんになって心に決めたことも、病気に立ち向かうために、自分が楽になる捉え方をしようということです。

キャリアは人生そのものだと思います。たとえ、不可抗力な転機であろうと、それを自分次第でコントロールすることはできると思うのです。ひとりでも多くの人が、そんな風に考えて自分のキャリアを諦めず、関心を持って主体的に築いていっていただけたらと思います。

そんな簡単に前向きな捉え方はできないと思われる方もいるでしょう。

ポイントは少しでも自分が「楽になるために」という考え方です。時間を巻き戻すことも、起こってしまったことをなかったことにすることもできないのなら、そのことで苦しむのをやめることです。どう捉えるかで人の感情は変わります。

人の持っている生涯の時間は様々で、それは誰にもわからないのです。そのわからないけど限られた自分の人生を自分らしくつくっていけるのは自分しかいないのです。目を閉じて嵐が通り過ぎるのを待っていても、現実は何も変わりません。腹を括って現実を受け入れ、素晴らしい人生にしていきましょう。

病気を患っていても不思議なくらい前向きな捉え方をしている人は予後が良いのも事実です。私の周りでも大病を抱えていても顔色もよく元気な人がたくさんいます。人生を楽しむためには、自分で選択すること、何らかの役割や責任を担っていること、他者と一緒に活動すること、誰かの役に立っていると感じられることが大事なのです。

## がんサバイバーだからこそできること

私自身2016年12月、58歳でがんと告知されたとき、まさか自分の身にまたこんな大きな転機が訪れるとは思ってもみませんでした。まさに不可抗力な転機だったのです。

今では、自分自身が「がんサバイバーだからこそできることもあるのでは」と考えています。

がんサバイバーとは、がんを克服した人という印象が強いのですが、そうではありません。

『がんサバイバー』という本から引用します。

「がんサバイバーは、がんが治癒した人だけを意味するのではなく、がんと診断された直後から、治療中の人、また、その家族、介護者も含めて定義されている（全米がんサバイバーシップ連合）」

そしてこの本の監訳をされている勝俣範之教授は「現代のがん医療は、がんが、治るか治らないか、克服するか克服しないか、ということではなく、誰もががんになる時代に、がんを知り、より良く生きること、がん患者が安心して暮らせる社会をつくることだと思います」とコラムに書かれています。

私は、「中年期の転機」では手探りで進んでいくしかありませんでしたが、今回の転機は、キャリアについての知識もあり、転機の乗り越え方などの理論も学んできました。

また、カウンセラーとしての経験から、メンタル面での捉え方など、対処の仕方もわかっています。

折角の機会なので、今回、このわが身におきた不可抗力の転機をどのように乗り越えていくのか、きちんと理論に当てはめて戦略を立てていきたいと思います。シュロスバーグの転機の理論を活用して、乗り越えていくプロセスを整理していきましょう。

何かしらの変化により、自分ではどうにもならないと感じている方が、少しでも参考にしてくださり、整理されるきっかけになり、客観的に現状と向き合えることを願っています。

**シュロスバーグの理論**

**変化を見定める**

↓

**リソースを点検する**

1　**状況（Situation）**

2　**自己（Self）**

3　**支援（Support）**

4　**戦略（Strategies）**

←

**受け止める**

このプロセスで私の経験を整理していきます。

## 変化を見定めて現状を受け入れる

まず、変化を見定めて受け入れることからはじめていく必要があります。当事者となったとき「現状を受け入れる」ことが、まず一番大事なのだと、直感的に判断したのは、カウンセラーとしての経験からだと思います。なぜなら「あのとき、こうしておけば」、「今まで何のために頑張ってきたのか」、「なぜ私が……」と、思い悩み、葛藤している多くの相談者の方たちと向き合ってきたからです。

現状を受け入れられずに、今までのことを卑下したり、否定したりして、かえって苦しみから抜け出せなくなって、自分で自分を追い込んでしまう。そんな相談者の方に寄り添いながら、違う捉え方に気づいてもらえないか、過去よりもこれからのことに目を向けてもらえないかと、一緒に悩んできました。

このような経験から「現状を受け入れる」ことが大事だということ、そしてどのように自分の感情をコントロールしていけば良いのかを冷静に考えることができました。負のスパイラルに自分自身が陥らないように、まずは「現状を受け入れる」ことからはじめることです。

エリック・バーン氏の「他人と過去は変えられないが、自分と未来は変えられる」という言葉があります。人は他人や過去のことをクヨクヨ悩みがちで、ともすると他人を変えようとしてしまいます。しかし、他人は変えることができないが自分は変えられる。そして、自分の過去は変えられないが未来は変えられる。今ここからはじまる未来と自分は変えられるのだから、変えられることについて考えていこうというものです。自分と未来は自分次第で変えられるのなら、変えていきたいと思いませんか。

## 不安はわからないことに抱く感情

もちろん、不安な気持ちもあるでしょう。しかし、不安はわからないことに対して抱く感情ですから、わからないことをとことん調べていくことです。今は本当に便利になって、検索エンジンで調べれば様々な情報を得ることができます。その中で新しい情報、信ぴょう性のある情報をピックアップしていくことが重要です。

ただし、注意しなければいけないのは、情報の中には悪意のある情報も紛れていることもあることです。根拠のないネガティブな情報に振り回されるのではなく、不安なことは主治医や医療関係者に確認をとることが大切です。こうすれば、大抵の不安は解消していき、安心感が増していきます。

病気の当事者は自分なのですから、わからないことはしっかりわかっていくことが大切です。わかる権利、知る権利があるのです。医師にも遠慮しないで質問しましょう。実際のところ、病気の進行や予後は誰にもわからないのですから、せめて、わかることはしっかり確認して、不安をゼロにはできなくても、軽減していきましょう。

## 現実を受容するために

大病を告知されると、人間ははじめて「死」を意識します。それまで知識としてあっても、どこか他人事だった「死」を身近に感じ、恐怖を覚えるのです。

死生学で有名なエリザベス・キューブラー・ロスの死の受容モデルのプロセスである「否認」や「怒り」を抱えやすくなるかもしれません。キューブラー・ロスは、「死」に関する科学的な認知を切り拓いた精神科医（終末期研究の先駆者）で、１９６９年に『死ぬ瞬間』を出版し、世界的なベストセラーになりました。この中で、死の受容モデルを5段階で示しています。

**第1段階　否認**　大きな衝撃を受け、自分が死ぬはずがないと否認する段階。頭では理解しようとするが、感情的にその事実から逃避してしまう

**第2段階　怒り**　なぜ自分がこんな目に遭うのか、死ななければならないのかという怒りを周囲に向ける段階

**第3段階　取引**　延命への取引を試みる段階。神や仏にすがり、死を遅らせて欲しいと願う

**第4段階　抑うつ**　何をしても「死は避けられない」とわかり、気持ちが滅入り、抑うつ状態になる段階

**第5段階　受容**　死を受容し、心にある平安が訪れる段階

がんだと告知されると、病名を聞いただけで、大きなショックを受けて「否認」の感情が出てくるかもしれません。この感情が邪魔をして、現実を客観視できなくしてしまう可能性もあるのではないでしょうか。

私が「多発性骨髄腫」という血液のがんと診断されたのは２０１６年12月のことで

す。まさか、自分の身に突然、このようなことが起こるなんて思ってもみませんでした。カウンセラーである私は、メンタルヘルス研修などで「うつ病って、誰でもなる可能性があるんですよ」と言っています。

そのくせ、自分のことに関しては悪いことが起こらない可能性のほうを信じて生きているものです。もともと母が子宮がん、父が肺がん、叔母が乳がんで亡くなっており、癌家系だからとがん保険を手厚くかけていました。それでも「まさか自分が……」と戸惑うのですから、人間は本当に勝手な生きものですね。

病気になってしまったという現状は変えられません。しかし、その中でも小さなプラス要素を見つけていくことができます。大きなマイナスの中に、小さなプラスを見つけていくと意外にあるものです。そうすることで、「まだまだ捨てたもんじゃないかも」という気持ちを高めていくことができます。

## 状況（Situation）——客観的に整理する

まず現状を、客観的に整理して、分析してみましょう。

**1　今回の転機はどのようなタイミングで起こったのか**

**2　自分でコントロールできるのはどの部分か**

**3　仕事上の役割、家庭での役割など変化は起こるのか**

**4　転機にともないストレスはどの程度か**

**5　自分自身はこの転機をどのように捉えているか**

**6　この転機がもたらす経済的な影響はどうか**

このような整理の中で、思っていたよりも良かったことや、不幸中の幸いと言えることなど、プラスと思えることをできるだけピックアップしてみてください。

私の状況を例にプラス要素を書き出していきます。

多発性骨髄腫という血液の悪性腫瘍の一種であり、再発しやすいため長期にわたり付き合っていかなければならない病気を発症しました。しかし、その中でとても幸運なこともたくさんありました。

**プラス要素1　C先生との出会いで早期に発見できた**

風邪から肺炎を疑い撮ったCT画像で圧迫骨折が見つかり、MRIを撮ったのですが、「腫瘍性病変を疑う所見は認められません」という診断結果で、ほとんどの医師が内科的な問題はないと判断しました。しかし、その中でただひとり、「もしもの場合があるから、もっと詳しい血液検査をしてはどうか」と勧めてくださったC先生。この先生に出会えたのが、本当に幸運だったと感謝しています。

**プラス要素2　仕事への影響が少ない**

12月5日に外来受診して、その場で骨髄検査をおこない、12月中旬には入院治療をはじめられました。素早い対応で年内に治療がはじめられて、副作用の状況など確認ができて不安が解消されました。年末には退院して1月から通院治療に切り替えることができました。

**プラス要素3**　新薬が続々と発表されて、治療選択肢が広がっている

２０１５年以降相次いで登場した新薬によって、従来に比べて予後は大きく改善しました。

**プラス要素4**　がん保険で経済的な不安が減った

かなり高い金額でもあったので、何度か見直そうかとも思いましたが、がん保険はしっかりかけていました。保険のおかげで治療に専念できました。

このようにプラス要素を探していくことで、自分は運が良いのだというポジティブな思考を生み出していくことができます。そして次に、がんと闘い、共存していくた

めの環境を整えていくことが重要になってきます。

## 経済的な不安を軽減させる

経済的な状況を客観的に整理しておくことは、治療に向き合ううえの不安を軽減させるためにとても大切です。病気の治療には高額な医療費がかかる可能性があり、おそらくその金額は予想を上回るでしょう。

治療方針を決めるときに経済的な不安を抱えていては、最善の選択ができない可能性も出てきます。経済的な見通しにより、仕事をどの程度セーブしても、治療をしながら今の生活レベルを維持できるのかなど、転機を乗り越えるための戦略も大きく変わってきます。

たとえば、がん保険そのものも、がんになったあとは保険料の免除を申請できたりします。最近は一時金や入院給付金以外にも、「給与サポート保険」のように治療費だけでなく収入減少のリスクに備えるものなど色々なタイプのものができています。

ぜひ一度、ご自分や家族の生命保険を確認していただきたいと思います。

私のように世帯主でなく子どももいない気楽な立場であっても、がん治療の医療費の高さにはとても驚きました。この際ですので、その他の保険や証券など金融商品の確認をおこない、主人にわかるように整理をしました。保険の内容は複雑でわかりにくいものですが、わからないことは電話で聴いていくと丁寧に教えてくれます。

たとえば、ある死亡保険は高度障害状態になったときにも保険金がおりるものもあることがわかりました。整理をすることで、医療費と将来の見通しが立てられて、気持ちがとても楽になるのです。

また、高額療養費の支給申請と合わせて、限度額認定証を取得することができます。これは、後で高額療養費が戻ってくるとはいえ、一時的に大きな出費になるのをサポートする仕組みです。限度額認定証と保険証を併せて提示することで、一ヶ月間の窓口支払額を抑えることができます。

このように、治療中の収入および支出、支出を軽減させるための仕組みなどを整理してみましょう。

いざというときに相談できる窓口を確認しておくことも大事です。病院にはソーシャルワーカーがいて、社会福祉の立場から患者やその家族の抱える経済的・心理的・社会的問題の解決、調整を援助してくれます。

また、がんにかかったのであれば「がん相談支援センター」が、全国すべてのがん診療連携拠点病院などにあります。ここでは、がんのこと、治療のこと、今後の療養生活のことなど、がんに関わる質問や相談に応えてくれますし、公的助成・支援の仕組みなどの情報提供もしてくれます。ひとりで悩まず、享受できる支援をまず調べたり、相談したりしてみましょう。


余談になりますが、以前に読んだ福沢恵子さんの著書『40歳で遺言状を書く!』を思い出しました。福沢さんはフリーのジャーナリストで、キャリア支援にも関わられています。

本の中で「遺言状を書くというのは、資産や人的ネットワークの再確認、自分自身の価値観の洗い直しが必要で、40歳で後半生どう生きるべきかを考える作業だ」と書かれています。

40歳の時点に限らず、大きな転機に遭遇したときに、状況を客観的に見つめるための作業として、このように遺言状やエンディングノートなどを書いてみても良いかもしれません。

## 自己（Self）――キャリアビジョンの見直し

キャリアコンサルティングでは大切な自己理解を深めていきます。まず、個人的特徴（性別、年齢、健康状態、社会的地位等）と心理的資源（性格、価値観、信念・信条、行動様式、内的キャリア、自動思考等）を整理していきます。この機会に、自分にとっての生きる目標、どんな人生にしていきたいかをじっくり考えてみてください。

たとえば、がんになっても生きる人の特徴として、次の5つがあげられるそうです。

**1　治ろうと思う**

**2　考え方、生活習慣を変えられる**

**3　前向きで意思が強い**

**4　努力を惜しまない**

**5　生きがいを持っている**

この5つが当てはまるか、一度ご自分におきかえて考えてみてください。

治療を途中でやめてしまう人も多いようです。経済的な理由もあると思いますが、不安から現実逃避になってしまうのかもしれません。ある先生は「最終的にインテリジェンスの差だ」とおっしゃっていましたが、私は腹を括れているかどうかだと思います。現実を直視して、腹を括って生きようと思えば、途中で治療をやめるリスクは十二分に理解できると思うのです。

油断はできないという現実的な認識は十分に持ちながら、常に体調に気を配りながら、しかし仕事や楽しみには目一杯ひたっていて良いのです。病気になったから未来がないのではなく、多少制約が増えることや、持てる時間が短くなったかもしれないけれど、生きがいを持って楽しんでいけば良いのです。

私の場合、煙草もやめましたし、食事など生活習慣の改善をはかっています。もちろん、治ろうと思っていますし、努力は惜しみません。やはり、前向きに考えることと、生きがいを持つことが何より重要だと考えます。

仕事は少しセーブしながらも、本来自分がやろうと思っていたこと、キャリアビジョンを明確にして、その内容にシフトしていくいい機会だと捉えています。どうしても色々依頼されると断りにくく、あれもこれも引き受けすぎていることが自分の弱点でもありました。この機会に、自分を戒めながら少し余裕を持ったキャリアビジョンを再考していきたいと思っています。本来自分がやろうと思っていたことは、「働く人の可能性を拡げていく支援がしたい」であり、このキャリアビジョンを改めて明確に認識しています。そして、仕事だけでなく、絵画やゴルフなど余暇にも十分時間を取りながら、ワークライフスタディバランスを整えて人生を豊かにしていきたいと考えています。

ある方にがんのことを告げたときに、「人は予期せぬことがあって、自分と向き合う時間を持って、自分の生き方を見直すのだと思います。でも、石川さんはすでに、自分と向き合って、自分のやりたいことをやってこられたので、今まで通りでいいのではないですか」と、言われました。確かに……、しかし、制約ができた分、さらに自分らしい生き方を模索していきたいと思うのは贅沢でしょうか。

## 支援（Support）——期待を素直に伝える

支援では、身近な家族、兄弟、友人、上司や同僚からどのような支援が得られるのかを整理していきましょう。

このときに大切なのは、自分が遠慮せずに本当に頼めるのかという点です。周囲の人は、何かあればサポートしようと思ってくれていても、経験がありませんので、どのようにサポートすれば良いのかわからないことが多いのです。自分から率直にやって欲しいことを伝えられるかが鍵になります。

大切なことは、期待を素直に伝えられる関係性かということと、自分自身がきちんと言葉で伝えることを意識することです。それくらい察して欲しい、理解して欲しいというのは甘えです。伝えずに自分の期待通りにサポートしてくれないことに苛立ちや不満を持ち、そんな自分が嫌になってしまうなんてことのないように、きちんと言葉で伝える意識を持ちましょう。特に相手が家族だと、わがままが出やすくなるので気をつけてください。ただ、わがままを言ってしまったときは、落ちついてから謝ればいいのです。きっと受け入れてもらえるでしょう。

どこまで甘えて良いのか、こんなことを頼んで迷惑にならないかなどと色々考えてしまい、素直にやって欲しいことが伝えられないこともあるでしょう。こういうときに活用してもらいたいのがアサーションという自己表現です。

コミュニケーションの方法のひとつで、基本となる考え方は、「I am OK, You are OK」です。相手の考えや気持ちも尊重するけれど、自分の考えや気持ちも大切にするということです。

アサーションは、「人は誰でも自分の意見や要求を表明する権利がある」との立場に基づく適切な自己主張のことです。周囲のサポーターに対して、まず客観的に状況を伝えます。この客観的に状況を伝えるときに「察して欲しかった」などの感情的な内容は含まず、病状や環境などきちんと相手にわかるように伝えることです。

次に自分の主観的な気持ちを伝えましょう。

その際、自分がどうして欲しいのか、アイメッセージで伝えます。たとえば、「○○してもらえると嬉しい」というように、自分を主語にして気持ちと一緒に期待を伝えます。そうすることで、自分自身も伝えやすくなり、相手も受け入れやすくなるのです。お互いのストレスを軽減していくためのコミュニケーション手法です。

## 当事者は自分であることを忘れない

他に、公的な支援や専門家、民間の支援団体など、享受できるサポートはどのようなものがあるのかを調べることも大事です。自分ひとりでは、病気と闘い共存していくことはできません。信頼できる医師や看護師などの医療関係者はもちろん、あらゆる専門家とネットワークをつくっていくことは重要です。

ただし、過度の期待はしないこと。なんでも任せきりで「難しいことはわからないから先生の言うとおりに」ではダメです。納得できる治療方法を選ぶ時代といわれています。

なんといっても当事者は自分ということを忘れずに、依存してしまわないようにすることです。病気に関してきちんと自分自身が理解を深め、治療方針も先生とよく相談しながら選択していきましょう。民間の支援団体などは営利主義的な要素が強すぎないかなどの注意も必要です。

また、転機によって、失う支援がないかも冷静に考えておきましょう。自分自身の役割や肩書がなくなることで、縁が切れる関係性もあるかもしれませんが、それも致し方ないことです。

たとえば、がんにかかっても、病気を隠す人が多いと聴きます。雇用者側や上司に

「がんは不治の病」という古い考えがあり、「がんになったら仕事は無理」との誤解も根強いのが実状のようです。診断を受けた本人が自ら仕事を辞めたり、職場の無理解で退職勧奨を受けたりと、様々な離職問題が発生していると聴きます。

このように、組織に属している人だと、色々難しい問題を抱えているために、病気を隠そうとするケースもあると思います。厚生労働省も「事業場における治療と職業生活の両立のためのガイドライン」を公表し、両立を支援しています。病気を隠さず両立していける時代になることを祈っています。

また、子どものいる人だと親が病気であることを子どもの耳に入れて不安を与えたくないという心情もよくわかります。このような方たちは、キャリア云々以前に、ご自分の治療に100%専念しづらい環境で、精神的にかなりつらい状況だと推測できます。せめて、心を許せる友人たちには自分の気持ちや不安を話して、少しでも楽になってください。

こんなときこそ、プロのカウンセラーや専門家に話すのもひとつだと思います。私も自分の状況が落ち着いたら、そのような方たちの支援も選択肢に入れていきたいと思っています。

## 誰かの力を借りることを躊躇しない

私の場合は、血液内科の主治医、担当医、病棟看護師、化学療法室の看護師以外に、もともと通っていた整形外科の理学療法士の方、そして、C先生という医療関係で心強いサポーターがいます。

また、ウィッグを購入したことで福祉美容師の方とも知り合えました。そして何より、自分を精神的にも支えてくれる家族の存在。私の場合は主人と姉と姪です。大阪と東京で離れていますが、何かあればすぐに飛んできてくれる安心感は何事にも代えがたいものです。

何かできることはないかと常に気にかけてくれる有難いたくさんの友人の存在も大きな力になっています。心配をかけたくないという思いもありましたが、私はオープンにがんのことを話し、精神的に安定することができました。

また、フリーランスで仕事をしているので、それぞれ取引先の方たちとの調整が必要で、オープンに状況をお伝えしましたが、みなさん受け入れていただき、治療を優先させてもらいながら仕事を調整してくださっていることに感謝しています。

そして、私には専属のカウンセラーがいます。彼女はカウンセラー資格を持つ友人ですが、とてもポジティブで客観的な視点を持っています。どうしても自分ひとりでは思考が行き詰まってしまうときは、彼女に話を聴いてもらいます。

先日も、日々無意識にがんのことを考えてしまっていたようで、ストレスが溜まっていることに気づき、会いに行ってきました。

そのときには「なんか、治療効果で注意しなければいけなかったことが、解禁になったことはないの？　次回の診察のときに聴けば？」と言われました。

こんな些細なことですが、自分ひとりでは思いもつかなかったような、改善していることを実感できる気づきを与えてくれるのです。早速、先生に確認してみたところ、お寿司が解禁になりました。

たったこれだけのことでも、とても明るい気分になることができるものです。そして、少し楽しみな予定を入れることで、さらに気分転換をはかる「対処行動」を取りたいというモチベーションにもつながります。

誰かの力を借りることはとても大事で、家族以外でそういう人が数人いることが何より私のリソースです。

## 指標となる本を探してみる

サポーターではありませんが、自分の指標となる本を見つけることも大事です。病気に関するものでも良いですし、誰かの自伝でも構いません。ただし、不安を増殖したり煽ったりするものは控えて、できれば元気になるものや客観的になれるものが良いでしょう。

ここで紹介したいのは、1980年代にジャーナリストとして乳がんと闘いながらニューヨークで活躍した女性の闘病記、千葉敦子さんの『よく死ぬことは、よく生きることだ』です。同じ著者の『昨日と違う今日を生きる』もお勧めです。

かなり古い本で、今とは医療の環境は大きく違いますし、がん以外の人にはフィットしないと感じられるかもしれませんが、患者の思いや、患者となった際の心構えなど学ぶことが多くあります。千葉さんの本から少し引用しながら、学ぶべきポイントをご紹介していきます。

私は顔色も悪くないし、体重も減っていないのだが、どこかに死の影が出ていないかと全身を見廻して「やはり少しやせましたね」などというヤツもいる。冗談ではありませんよ。私はまだ死ぬつもりはないのです。これからもガンとうまくつき合いながら仕事を続けるつもりなのです。

（「ガン再発が告げられたとき」『昨日と違う今日を生きる』）

悪気はないのでしょうが、マイナスなことを見つけたがる人はいるものです。小さく相手を傷つけているとは思いもよらないのだと思います。だから悪意のない言葉に傷つくのはやめて、そんなときは「当事者ではないからわからないで当たり前。わからないからどう言葉をかけて良いかわからないのだ」と考えるようにしましょう。そして周囲の人は、できれば本人が一番不安だと思うので、少しでもプラスの面を見つけて、声をかけていくようにしましょう。

## 病気になっても役割や生きがいを持つ

闘病で大切なことは、できるだけ日常生活を変えない、ということではないだろうか。もちろん、発病前に過労を強いるような生活をしていた人は、改めたほうがいいし、栄養のバランスを欠いた食事をしていた人は改善すべきだ。しかし、職場や家庭での責任をなるべく果たしながら闘病を続けることが望ましいし、同僚や家族はそれが可能となるような協力をして欲しいと思う。ガンにかかった途端に、社会や家庭での責任を放棄してしまう人、あるいはそのようにし向ける周囲の態度をよく見聞きするが、これはよくない。

人間は仕事を持ち、身の廻りのことをできるところまで自分でしてこそ、人間としての尊厳を保ち得るのであって、そういう責任を全部放棄してしまって、ただ生きているだけでは、なんのための人生かわからなくなってしまう。「自分には生きてやるべきことがあるのだ」という意識こそが、闘病において最も基本的な要件だと思う。

（「ガン再発が告げられたとき」『昨日と違う今日を生きる』）

千葉さんが闘病されていたころと比較すると、医療の進歩で副作用など治療中の負担もかなり軽減されています。また、時代が大きく違い、がんに対する認識も変わってきており、きちんと患者に告知してくれるし、色々な面で環境が整ってきています。だからこそ、やはり仕事を持って、自分のことはできる限り自分でおこない、やるべきことがあると思えることが大切なのです。

がん罹患後も「仕事を続けたい」と回答した人は80・5％で、その理由としては「家庭の生計を維持するため」（72・5％）や「働くことが自身の生きがいであるため」（57・4％）、「がんの治療代を賄うため」（44・5％）などが挙げられました（複数回答）（『がん患者の就労等に関する実態調査』平成26年5月、東京都福祉保健局）。経済的理由と自分自身の生きがいのために働くことは、やはり必要なのです。

周囲の人もわからないから不安で、必要以上に気を遣い仕事をセーブされたりするかもしれません。自分の体調や病気について、周囲の方はわからないのだから自ら伝えていくことです。周囲の方の対応は心配してくれているからこその「善意の気遣い」として受け止めて、きちんと状況を説明していきましょう。そのために、自分がきちんと病気や治療について理解しておくことです。

仕事をどのようなペースでしていくか、主治医とよく相談しましょう。そして、周囲のサポーターに今後仕事をどのようにしていきたいか、どのようにサポートして欲しいかを伝えていくのです。みなはじめての経験なのですから。

## 患者の心構え

患者本人が、自分の身体を観察することが、いかに重要であるか。医師のことばを鵜のみにしないことが、どんなに大事なことか。納得のいく説明を聞くまで、しつこく頑張ることが、どれだけ必要か。どんなに優秀な医師でも神ではないのだから、見逃しはあり得る。どんなに献身的な医師でも、患者本人以上に患者の身体に興味を持ち続けることはあり得ない。

（「納得のいくまで」『よく死ぬことは、よく生きることだ』）

このように患者の心構えについても書かれており、背筋が伸びる思いがします。どうしても「お医者さまの言うことだから」と考えてしまいがちですが、お医者さまも人間です。患者自身がわからないことをきちんと聴いて、納得がいくようにしていく努力が必要で、自分のことを自分以上に気に掛けることなど誰にもできないのです。そのために、自分の体調の変化や心の変化をよく観察しておきましょう。そして主治医や看護師など周囲にいる医療関係者に遠慮しないで相談したり、確認したりしていきましょう。そういう意味での自律をしていくことがとても大切だと思います。

私の場合、千葉さんの本は大学院の授業で紹介されて以前に読んでいましたが、当事者として改めて読み直し、たくさんの勇気をもらいました。患者の心構えとして、「どんな優秀な医師でも神ではない」と書かれていたことで、改めて自己責任であることを痛感して、最初にしつこく検査結果を聴いて、血液内科への紹介をお願いした行動は、やって良かったのだと思うことができました。このように、千葉さんの本は、がん患者として若葉マークの私にとって、指南書となりました。たとえ指南書でなくとも、心の拠り所になるような本を見つけてみてはいかがでしょう。

## 戦略（Strategies）——自己コントロール感を高める

状況と自己と支援の3のSが整理できたら、これらをどのように組み合わせて、対処していくのか戦略を立てましょう。

状況を変えることができるのであれば、変えるための計画をしていきます。状況を変えることができないのなら受け止め方を変えることで選択肢を増やしていきます。具体的には、状況をつくり変えたり、認知を変えて出来事の意味を変えたり、問題が起こった後のストレスへの対処などを考えていくのです。

このとき大切なのはコントロール感を高めることだと思います。人は裁量が低くなるとストレスを感じやすい傾向があります。ただでさえ不可抗力による転機ですから、今後のことは自分が決めていく感覚を持てるようにしていくことが、前向きに転機と向かい合うために必要不可欠です。

たとえば、病気の治療を優先していかなければならないが、仕事を含めた今後のアクションプランを考えて、うまく主治医と治療方針を協議していきましょう。

私の場合、主治医の先生が希望をよく聴いてくださいます。治療は、次のような方向性です。

「導入寛解療法」で、体内のがん細胞をできるだけ減らしていき、そのあとは、「自家造血幹細胞移植」をおこないます。

これは、自分の健康な幹細胞を採取しておいて、大量化学療法にて、まだ残っているがん細胞を一気に死滅させたあと、自分の幹細胞を移植する治療です。幸い大きな副作用はありませんが、少しずつ色々経験をしています。眩暈が起きたり、蕁麻疹が出たり、何かが収まると、次の何かが出てきます。やはり、はじめての経験ばかりで、不安もありますが、主治医の先生と相談しながら前向きに取り組んでいます。すぐ無理をしてしまいがちな私には丁度いいブレーキになっています。

考えてみれば、抗がん剤治療をしているのですから、通常の健康体より疲れやすくて当たり前ですし、無理がきかないのも仕方がないのです。その辺の感覚がわからず、気がつけば以前と変わらない調子で予定を入れてしまいがちで、十分注意をしていかなければと肝に銘じています。

自分でもスケジュール表を作成して、先生に仕事との関係で通院日を調整してもらったり、先生の考えを聴いたりしながら、治療予定を決めています。先の細かいことばかり言うと嫌がられるのではと不安にもなりますが、必要があることは自己責任として確認します。

このようにできる準備をしながら、今後の治療方針と仕事を調整して、自分が全体をコントロールしている感覚を大事にしています。それが、ストレスを減らすことにつながると思うからです。

健康になっていく道筋をイメージしながら、主治医と相談しながら予定を自分で決めていく。自分の人生をマネジメントしている感覚こそが、私の戦略です。

以上のように、シュロスバーグの転機の理論に当てはめて、不可抗力の転機をどう受け止め乗り越えていくかのポイントを整理してみました。

病気にならなくても、我々くらいの年齢になると色々身体の不調が出てきて、自分の意思とは関係なく、キャリアの方向性に障害となる壁が出てきたりします。そんなとき、まずは現状を受け入れて、客観的に状況を整理して把握することが本当に大事なのです。そして、自分のリソースをきちんと点検していけば克服できない壁はありません。

いたずらに不安を大きくしないように、冷静に向き合うことが必要ですが、なかなかそれが難しいのかもしれません。だからこそ、カウンセラーという存在が意味を持つようにも思います。

以前アロママッサージのボランティアを病院でしていたとき、車いすに乗った男性がおひとりで来られました。

まだ、40歳そこそこくらいの方で、最初はあまり気乗りしない感じでした。病院のロビーでハンドマッサージをしながらお話をお聴きしていたのですが、ぽつぽつと――実は膠原病で今日から入院することや、先週までそんなこと知らずにバリバリ仕事していたこと、突然病気を告げられてどうしていったらいいのか不安でいっぱいなこと――を話してくださりました。

本当にお話を傾聴することしかできず、中途半端な慰めや励ましはとてもできませんでした。それでも、心の内を吐き出すことで多少のカタルシスを感じてもらえればと、一生懸命ハンドマッサージをしながら傾聴しました。

自分の人生をどのように生きるのかは自分で決めることですが、少しくらい誰かの力を借りてください。どうせなら、頑張りすぎず、自分らしく充実した人生をつくっていきましょう。

# 終章
# 中年期からワクワク過ごすために

本書はサブタイトルを「人生の転機を乗り越えるために」としました。人の可能性は無限大で、自分で限界をつくらずに拡げていくことが大切だからです。

特に中年期以降は、身体の衰えや気力の減退などから、「もう今さら無理なのでは？」と諦めがちです。しかし、今までの経験や蓄えてきた知恵を生かして、ミドルだからこそできるアクションで、自分の可能性を拡げていきましょう。自分で限界をつくってしまったら、そこで終わりです。人間は生涯にわたって、変化し成長し、発達する存在なのです。

論語の有名な一文、「吾、十五にして学に志す。三十にして立つ。四十にして惑わず。五十にして天命を知る。六十にして耳順う。七十にして心の欲する所に従えども、のりをこえず」の中には40歳にして迷わずとありますが、本書でも記載してきたように中年期である40歳以降は変化が増えて迷うことが多くなります。だからこそ、迷わないようにという戒めでしょう。

そして、50歳にして天命を知るとは、自分の生涯における使命を見極めたという意味だそうです。50代は見極めるために生涯の己の使命について考えていくときなのかもしれません。

転機を乗り越えていくためにどのような思考と行動が必要か、私なりの考えに理論と事例を織り交ぜながら紹介してきました。

転機はあとから気づくものだとも言われますが、必要な知識を持って準備をしておけば、その転機に遭遇したタイミングで対処できるのです。そして転機を主体的に乗り越えていくための鍵は「思考」ではないでしょうか。

冒頭に人生は選択の連続だと書きました。転機に遭遇したときに、自分の意志で積み重ねてきたはずの選択が間違っていたのではと感じてしまうことがあります。

しかし、本来正しい選択などなく、多くの人はどんな道を選んでも悩むし、どんな道も間違いではないのです。選ばなかった人生を悔やむのではなく、とことん自分と向き合い、自分なりに納得できる人生にしていく。このような「思考」を持つことをお勧めします。

## 転機の乗り越え方

本書では、シュロスバーグの理論とブリッジスの理論を取り上げました。シュロスバーグは転機がもたらす変化を克服するために「変化を見定める」「リソースを点検する」「受け止める」の3つのステップを示しています。

ブリッジスは「何かが終わるとき」→「ニュートラル・ゾーン」→「何かがはじまるとき」の、3つのステップを踏むプロセスをモデル化しています。表現は違いますが、この2つの理論の共通点から考えていくと、ポイントは次の5つだと考えました。

**1　客観的に変化を見定める**

**2　腹を括る**

**3　時間をかけて自分のリソースを点検する**

**4　他者とのつながりを大切にする**

**5　機が熟すタイミングを待つ**

それぞれのポイントを見ていきましょう。

## 客観的に変化を見定める

**・変化が自分にもたらす意味はどのようなことか**

敗北、絶望、挑戦、成長など自分にとってどのような意味があるのかを考えてみる。

**・変化を受け入れるしかないのか、それとも何かできるのか**

客観的に状況を分析したうえで、できることを考えてみる。

**・変化したいのか、変化したくないのか**

1％でも変化してもいいと思えることがあるのなら、どのように変わりたいかを考えてみる。

**・変化に対する捉え方を変えることはできるのか**

マイナスな面ばかり見ていたが、プラスの面はないのか、リフレーミングするとどうなるのかなど考えてみる。

**・変化は予想していたものなのか、予想していなかったものなのか**

予想していなかったために動揺が大きいなど心理面の影響を考える。

多くの人は変化を嫌います。これまでの「安定」から「不安定」になる場合が多いからです。しかし、「不安定」は成長を促していきます。すなわち成長のチャンスです。変化を前向きに捉え、客観的に冷静に向き合うことです。

そのために、先ほどの5つを自問して書き出してみてください。

## 腹を括る

本書では「腹を括って転機を受け入れる」、そのような思考を持つことをお勧めしてきました。変化を受け入れるしかない状況であるとしたら、しっかり「何かが終わった」ということを受け止めることが大切です。この「終わり」は、物理的なものより心理的な終わりであり、慣れ親しんだ生活からの離脱やアイデンティティの喪失、方向感覚の喪失などがあります。

だからここで「腹を括る」ことが大事になります。前に向かって進んでいくしかないのです。日々良い事ばかりではなく、つらいことや悲しいこともあります。ましてや転機を迎え、新たな環境に適応していくプロセスでは悩んだり途方にくれたり不安になったりするものです。しかし、立ち止まってしまうと退行しかないのです。

## 時間をかけて自分のリソースを点検する

落ち着いて状況を客観的に整理することが大事です。「何が変化」して、その「影響は何か」を明確にすることです。

選択するということは、反対に何かを捨てるということでもあります。思い切って捨てるものは何かを決めていくことも必要です。

そのためには、自分についてきちんと向き合い、今までの経験を振り返り、リソースを点検していきます。そして自己探索をしながら、「どのように生きたいのか」、「どのような人生を描いていきたいか」を考えてみる時間を過ごすことが大切です。

この時期がニュートラル・ゾーンであり、迷いや葛藤など混乱するのは自然なことです。この時期が苦しいからといって、焦って結論を出してしまわずに、じっくり時間をかけてください。ありのままの感情を受容し、自分の中に眠っているリソースも掘り起こして、自分の可能性を拡げていくのです。

## 他者とのつながりを大切にする

中年期以降、他者とのつながりが限定されていく人がいます。現役を退くと一気に人脈は少なくなります。人生を豊かにしていくためには、他者との関わりは必須です。特に転機のときにはサポーターが必要になります。

自分ひとりでできることなどたかがしれています。自分の期待をきちんと伝えて、素直にサポートしてもらうことで、より豊かな人間関係も生まれてくるのです。

## 機が熟すタイミングを待つ

変わりたいという気持ちが出てきたら、「機が熟した」タイミングとなります。突然わが身に降りかかった転機に振り回されるのではなく、新たな自分、本来の自分に変わっていくチャンスとして捉えられるタイミングを待つのです。

このように「新たなはじまり」に向けて気持ちを統合していくプロセスが必要なのです。

## 豊かな人生を

人生を豊かにするためには、ポジティブな感情をつくりだすことが大切です。先にも述べましたが、捉え方や思考が感情に影響を与えます。

近年注目されているポジティブ心理学も参考になります。ポジティブ心理学とは個人や社会を繁栄させるような強みや長所を研究する心理学の一分野です。人生をより充実したものにするための研究がなされています。

ポジティブな感情をつくり出すために私が実践しているのは次のようなことです。

- **自律性を高めて自分がコントロールしている感覚を持つこと**
- **楽しい時間、充実した時間を意識的につくること**
- **周囲への感謝の気持ちを持ち、言葉や態度で伝えること**
- **できたこと、良かったこと、嬉しかったことに注目すること**

毎日、小さなことでも「今日良かったことを3つ」思い出して、幸せな気分で眠りましょう。

ポジティブ心理学の中に「Well-being」という考え方があります。

それは永続的幸福という意味であり、他者がどう思うかではなく、自分がどう思い、どう感じているのか、主観的な幸福感が大切なのだそうです。自分の人生をプロデュースできるのは自分だけです。主観的に「幸せな人生」であり、「納得できる人生」であると思えるようにクリエイトしていきましょう。

繰り返しますが、年を重ねると、加齢による変化が様々に出てきます。周囲で大切な人が亡くなったり、自分に病が見つかったり、思いもかけない喪失感に苛まれることも出てきます。このような変化を、ありのまま受け入れることが大事です。

また、高齢期の3つの適応手段として「SOCモデル」というのがあるそうです。

- **選択（Selection）　これまでできてきたことがうまくできなくなったときに前よりも少し目標を下げる**
- **最適化（Optimization）　選択した目標に対して、自分の使える時間や体力を効率的に振り向ける**
- **補償（Compensation）　他者の助けやこれまで使っていなかった補助を使う**

高齢期になっていなくても、適応していく知恵としてはとても有効な方法に思えます。豊かな人生を歩んでいくために色々な考え方や方法がどんどん生み出されているのです。自分の人生に関心を持ち続け、自分に合った方法を見つけていって欲しいと思います。

# あとがき

独立をした2003年に『ダメな上司は耳で聞く』を出版しました。26年間働いてきた中で、上司としてどうあるべきかを試行錯誤しながら考えてきたことをまとめました。

この本を読んでくださって、仕事を依頼してくれた方もいましたし、思わぬところで縁がつながっていきました。

そして多くの方から「この後、キャリアチェンジしてどうなっていったのか、続編を書いて欲しい」とリクエストをいただきました。私もぜひ、「中年期の危機」をどう乗り越えていったのかをまとめたいと思いながら日々の仕事に押し流されてとうとう、14年も経ってしまいました。

やっと、書きはじめられたのは、「中年期の危機」が人生最大の転機と思っていたら、突然それ以上の転機が訪れたからです。2016年12月、血液のがん「多発性骨髄腫」であることを告げられます。つくづく私の人生は波乱万丈だなと思います。ゆっくり本を書く時間をこんな形で得ることになるとは思ってもいませんでした。

本当に人生は選択の連続です。安定期と不安定期を繰り返していきます。だからこそ、変化があって面白いのだと思えると人生は豊かになります。


お亡くなりになりましたが、私はオヒョイさんのファンでした。西麻布の「オヒョイズ」にも何度か行ったことがありますし、一緒に飲んだこともあります（もちろんお客さんとして）。

訃報のときに知ったオヒョイさんの名言。

「僕は『3つの気』さえあれば、どんな事でも何とかなると考えています。その『3つの気』とは、『元気・勇気・陽気』」

本当にその通りだと思います。病気がちだったオヒョイさんだからこそ、この3つを大切に思っていたのでしょう。私もこれから、この3つの気の大切さをかみしめていきたいと思います。

実は、前職のときに単身赴任で東京に来てから、退職後もその状態を続けています。かれこれ、主人と別居生活をして23年になります。いつかは大阪に拠点を戻さなければと思いながら、東京の居心地の良さと主人の優しさに甘えてきました。そんな私に大阪に戻るべき決心をさせたのが今回の転機です。今までほとんど病気らしい病気もしてこなかっただけに、周囲にとても心配をかけました。

現在の治療が一段落したら、大阪を拠点にして東京は出張として来るように生活を大きく変えていこうと思っています。

先日、主治医から「完全寛解」の段階であり、よくがんばったと言っていただきました。ただ、完治ではなく、今後も維持療法をおこなっていかなければなりません。自分の身体と付き合いながら、自分らしい人生をおくっていきます。

ある大学の担当者の方から「石川先生の授業は厳しい中にも愛があると学生達から人気でした。叱られても、なぜ叱られるのかを丁寧に説明してくださり、その後フォローもしてくださるので、本当に自分のためになったと評判でした」と、学生からの評価を教えていただきました。大変だけど、報われたと感じる瞬間でした。

また、現在私はある企業のキャリア支援室のスーパーヴァイズの仕事をさせてもらっています。このお仕事もカウンセラーの先輩から紹介していただき、つながったご縁です。最初お話をいただいて打ち合わせにうかがったのですが、社内調整などで立ち消えのような状態になりました。自分の成長にもなるので、ぜひやってみたい仕事でしたので残念でした。本当に縁があれば、またいつかつながると思っていましたら、2年後改めてお話をいただきました。

このようにいただいたお仕事を一つひとつきちんと大事にしていくことで、縁がつながっていき、お仕事の幅も広くなっていき、自分自身も成長していくのです。そしていつか、肩書のない世界で、一からはじめたカウンセラーと講師という仕事を通して、多くの方から必要としてもらえる存在となることができました。本当に周囲の方に恵まれたと思います。

色々な縁をくださる方がいなければ今の私はありません。それと同時に常にハップンスタンス・ラーニング・セオリーではありませんが、種まきを繰り返し、現状に満足せず、一歩踏み出すことも大事です。そして、常に縁をつなげていく努力も大事です。

中年期は本来の自分になっていく、ユングが言っている個性化を進めていく絶好の契機です。ぜひ一度今までのご自身の経験を振り返って、将来に関心を持って自分らしい納得のできるキャリアを描いてみてください。この本が良いきっかけになることを願っています。

# 引用・参考文献

エリザベス キューブラー・ロス（鈴木晶訳）『死ぬ瞬間——死とその過程について』中公文庫、２００１年。

大日向雅美『子育てと出会うとき』日本放送出版協会、１９９９年。

岡本祐子『アイデンティティ生涯発達論の射程』ミネルヴァ書房、２００２年。

『アイデンティティ生涯発達論の展開』ミネルヴァ書房、２００７年。

金井壽宏『働くひとのためのキャリアデザイン』ＰＨＰ研究所、２００２年。

河合隼雄『働きざかりの心理学』新潮文庫、１９９５年。

クラム・キャシー（渡辺直登・伊藤知子訳）『メンタリング——会社の中の発達支援関係』白桃書房、２００３年。

ケニス・Ｄ・ミラー（勝俣範之監訳、金容壱・大山万容訳）『がんサバイバー——医学・心理・社会的アプローチでがん治療を結いなおす』医学書院、２０１２年。

シェリル・サンドバーグ（村井章子訳）『LEAN IN——女性、仕事、リーダーへの意欲』日本経済新聞出版社、２０１３年。

千葉敦子『昨日と違う今日を生きる』角川ソフィア文庫、１９８８年。

『よく死ぬことは、よく生きることだ』文春文庫、１９９０年。

『ニューヨークでがんと生きる』文春文庫、１９９０年。

平木典子『改訂版　アサーション・トレーニング——さわやかな〈自己表現〉のために』金子書房、２００９年。

平野光俊「企業経営と女性活躍推進の課題――キャリアの自己効力感に着目して」『日本労務学会誌』第16巻第2号、2015年。

福沢恵子『40歳で遺言状を書く!』オレンジページ、2004年。

宮城まり子『キャリアカウンセリング(21世紀カウンセリング叢書)』駿河台出版社、2002年。

渡辺三枝子『新版キャリアの心理学――キャリア支援への発達的アプローチ』ナカニシヤ出版、2007年。

カバー画　石川邦子
編集協力　林口ユキ
DTP　山口良二

著者略歴

# 石川邦子 いしかわくにこ

Natural Will 代表。キャリアコンサルタント。

1977年、IT関連企業トランスコスモス株式会社入社。1994年、役員に就任。オペレーション部門の統括や人材戦略・キャリアモデル構築、採用・研修などの統括を担当する。ほかに各種事業の立ち上げおよび運営管理、韓国でのアウトソーシング会社運営指導などに携わる。同社専務取締役を経て、2003年、キャリアデザインおよびストレスマネジメントを支援するNatural Willを設立、代表に就任。日本体育大学、法政大学、白百合女子大学でキャリア教育を担当。2011年、日本産業カウンセリング学会にて学術賞を受賞。2011年からJAICO東京支部キャリア関連講座部の部長など、現在もキャリアコンサルタントの育成に務めている。

また、メンタルタフネス研修、メンター研修、キャリアデザイン研修、女性活躍支援講演など講師を務める一方、カウンセラーとして企業内のキャリア支援など多方面で活躍中。シニア産業カウンセラー、1級キャリアコンサルティング技能士、メンタルヘルス・マネジメント検定I種、英国IFA認定アロマセラピスト。

著書に『ダメな上司は耳で聞く』（現代書林）がある。

自分らしく生きる！
40代からはじめる キャリアのつくり方
「人生の転機」を乗り越えるために

二〇一八年三月三〇日 第一版第一刷発行

著　者 石川《いしかわ》邦《くに》子《こ》
装　幀 杉山健太郎
発行人 宮下研一
発行所 株式会社方丈社
〒一〇一－〇〇五一
東京都千代田区神田神保町一－三二 星野ビル2F
TEL 〇三－三五一八－二二七二
FAX 〇三－三五一八－二二七三
http://www.hojosha.co.jp/

印刷所 中央精版印刷株式会社


ISBN978-4-908925-27-6